페미니즘, 안녕들 하십니까

페미니즘, 안녕들 하십니까

초판 1쇄 발행／2025년 12월 30일

지은이／강이수 김민정 김소라 김하영 김현미 백영경 송지수 엄혜진 유현미 추지현
펴낸이／염종선
책임편집／정소영 박주용 신채용
조판／한향림
펴낸곳／(주)창비
등록／1986년 8월 5일 제85호
주소／10881 경기도 파주시 회동길 184
전화／031-955-3333
팩시밀리／영업 031-955-3399 편집 031-955-3400
홈페이지／www.changbi.com
전자우편／human@changbi.com

ⓒ 추지현 외 2025
ISBN 978-89-364-8107-0 03300

＊ 이 연구는 아모레퍼시픽재단의 학술연구비 지원을 받아 수행되었습니다.
  (This research has been supported by the AMOREPACIFIC Foundation)

추지현 외 지음

페미니즘, 안녕들하십니까

창비

머리말 페미니즘, 대학의 역할을 묻다

민주주의와 페미니즘

2010년대 중반 이후 디지털 공간과 대학가를 중심으로 페미니즘 대중화가 이뤄졌다는 진단이 내려진 지 10여년이 지난 2024년 12월 3일, 대통령 윤석열은 비상계엄을 선포했다. 그리고 민주주의 파괴와 헌법 유린을 규탄하며 윤석열의 탄핵을 요구하는 광장의 중심에는 20~30대 여성들이 있었다. 재기발랄한 깃발과 응원봉을 손에 쥐고 거리로 나온 이 여성들은 법치를 넘어 자경주의를 행하는 '극우', 예컨대 서울서부지방법원 불법 점거와 폭동에 참여한 청년 남성들과 대비되기도 했다. 언론은 이 여성들이 어떻게 정치적 저항의 중심에 서게되었는지 물었다. 마치 지난 10여년간 여성들이 페미니즘의 이름으로 문제화해온 구조적 성차별이 민주주의와는 아무 관련이 없었다는 듯 말이다.

이러한 반응은 언론에 국한되지 않았다. 헌법재판소의 대통령 파면 결정 직후 치러진 대선 과정에서 정치인들이 보여준 모습은 더했다. 투표 직전까지 집권이 예상됐던 거대 야당은 성평등 공약을 전혀 내놓지 않았고, '젠더갈등'이라는 프레임으로 페미니즘을 곡해해온 한 청년 정치인은 성폭력 피해를 선거를 위해 도구화하며 논란을 불렀다. 여성가족부를 성평등가족부로 확대 개편한다는 공약을 제시하고 당선된 새 대통령이 해당 부처의 장관 후보자로 처음 지명한 이의 공약에도 가족이 있을 뿐 여성은 없었다. 한편 검찰개혁을 기치로 내걸고 등장한 한 정당은 내부에서 발생한 성폭력 사건에서 개인의 일탈과 이에 적절히 대응하지 못한 집행부의 2차 가해만을 반성했을 뿐, 젊은 여성 당원들을 동료 정치인으로 받아들이지 않는 행태로 표출된, 젠더와 연령주의가 맞물려 작동하는 정당 구조가 문제라는 점은 끝내 외면했다. 민주주의는 성평등과 무관하지 않고 민주주의의 주체인 시민이 성적 차이는 물론 다양한 차이를 가진 이들이라는 점을 보지 못했다는 데서 이들 사례는 다를 바가 없다.

그러나 계엄에 맞서 거리로 나선 여성들의 깃발과 집회 무대에 오른 여성들의 이야기는 그들에게 민주주의가 단지 계엄에 대한 저항과 대통령에 대한 파면 요구에 그치는 것이 아니라 성소수자, 농민, 노인, 장애인 등 사회적 소수자들을 향한 불평등을 해소하고 서로를 염려하며 돌보는 정치였음을 여실히 보여준다. 이 여성들은 종교도 직업도 연령도 서로 다르지만 '여성됨'을 통해 연결되었다. '현행 정치를 문제 삼는 여성'으로서 서로에 대해 갖게 되는 신뢰와 연대감은 자유로운 구호와 노래, 발표로 표출되었다. 그리고 그 연결은 여성됨에 국한되지 않고 농민, 장애인 등 또다른 타자들의 삶에 대한 관심으로 확장되었다. 이 여성들이 지향하는 것은 그들 내부의 차이를 억누르고 여성이라는 하나의 정체성으로 연대하려는 동일성의 정치가 아니라 자신의 경험과 위치에 뿌리내리면서도 타자의 발화에 주목하고 그 위치로 이동해 사회 부정의의 작동 방식을 살피며 자신의 부분적 지식과 관점을 갱신하기를 반복하는 과정으로서의 정치였다는 말이다. 이 여성들은 그러한 횡단의 정치를 통해 페미니즘이 민주주의에 갖는 강력한 힘을 적확히 보여주고 있다.

이와 같이 다양한 차이들의 공생과 공존을 모색해온 페미니즘의 기획은 이미 민주주의를 갱신해나가는 과정이었음에도, 페미니즘이 사회변혁을 위한 비판적 지식과 실천으로 다뤄지기는커녕 오히려 사회갈등을 야기하는 이기적인 입장으로 왜곡되는 상황이 지속되는 현실에 대한 문제의식에서 이 책은 출발한다. 특히 지난 10년간 여성들의 집합 행동이 페미니즘 대중강좌와 대중서, 디지털 커뮤니티를 바탕으로 하여 전개되는 동안 "국가와 인류사회의 발전에 필요한"(고등교육법) 인재의 양성을 표방하는 대학은 정작 그 역할을 충분히 수행하지 못했다는 점에 주목한다. 그리고 페미니즘의 문제의식 확산에 대학이 어떤 역할을 할 수 있는지, 나아가 바로 그 대학을 변화시키는 데 페미니즘이 어떤 역할을 할 수 있을지를 모색해온 저자들의 고민을 담았다. 저자들은 대학에서 페미니즘을 만난 시기는 물론 학생, 시간강사, 연구노동자, 교수 등 현재의 사회적 위치도 상이하다. 하지만 대학에서 만난 페미니즘을 통해 자신의 여성됨을 이해하고 설명하는 언어를 갖게 된 것, 이를 통해 다른 여성들의 삶, 나아가 가족, 조직 등 한국사회에서 젠더가 작동하는 방식을 바라볼 수 있게 되었다는 것, 페미니스트로서의 실천 과정에서 성별을 넘어 다양한 차이들을 가진 몸들과 대면하면서 그 관계 속에서 자신 역시 변화하는 존재임을 깨달았다는 것, 그리고 자신의 부분적 지식을 끊임없이 성찰하며 젠더로 환원될 수 없는 차별과 배제를 더욱 깊게 문제화하고 변화시키려 한다는 점에서 공통점이 있다. 페미니즘을 사회변혁을 위한 가장 급진적인 '비판적 지식과 실천'으로서 경험한 것이다. 이 책은 저자들이 각자 경험한 대학과 페미니즘에 대한 이야기를 통해 왜 오늘날의 페미니즘에 대학이라는 공간이 필요한지, 나아가 페미니즘이 왜 대학은 물론 한국사회의 변혁을 이끌어 가는 과정에서 필수 통과점이 될 수밖에 없는지로 향한다.

페미니스트가 바라본 대학

　　　　　디지털 매체에 익숙한 청년 여성들은 온·오프라인을 가로질러 작동하고 있는 구조적 성차별에 문제를 제기했고, 2016년 강남역 살인사건 피해자 추모 운동, 2018년 미투#Me Too 운동과 혜화역 시위 등 온라인 기반의 직접 행동을 통해 여성이라는 집단적 감정을 고양했다. 그리고 법과 제도의 개선을 이끌어내면서 정치적 효능감을 느끼기도 했다. 그러나 구조적 성차별은 없다는 페미니즘 백래시는 그 실천의 기반을 위협했고 젠더 관련 강좌를 앞다투어 개설하던 대학의 풍경도 지난 몇년 사이 바뀌었다. '젠더갈등' 프레임은 성적 차이를 우리 사회가 회피해야 할 불편한 주제로 만들었으며, 대학에서는 총여학생회 폐지, 온라인 커뮤니티를 통한 페미니스트 색출과 공격이 이어졌다.

이때 여성들이 페미니즘 관련 지식과 실천을 확장해나갈 수 있는 통로는 사실상 디지털 공간이 유일했다. 하지만 이를 통해 여성들 간의 다양성과 차이, 그럼에도 여성을 여성으로 만드는 젠더의 작동 방식에 대한 숙의는 이뤄지기 어려웠다. 여성들은 넘쳐나는 여성혐오에 맞서기 바빴고 내집단 결집을 위해 이견의 제시가 금지되는 상황을 맞기도 했으며 강고해 보이기만 하는 젠더 관계 앞에서 '페미니스트 번아웃burn out'을 경험하기도 했다. 이 과정에서 성평등을 개인의 능력과 노력에 따른 공정한 보상이 이뤄지는 상태로 환원하고, 페미니즘을 '생물학적 여성'의 권익 도구로 상정하며, 차별과 배제를 용인하는 움직임들이 등장하기도 했다. 이러한 움직임은 페미니즘의 사회변혁 기획과는 분명 거리가 있다. 남성과 여성 간 동등한 자원의 분배나 인정에 대한 요구를 넘어 다양한 성적 차이를 억압하는 현행 남성 중심, 이성애 중심, 두개의 성별이라는 이원 중심의 젠더 관계가 인종, 민족, 계층, 장애 등과 맞물려 작동하고 있고 또한 늘 구성되는 과정 중에 있음에 주목하면서, 그 과정에 개입하여 다양한 차이들이 공생할 수 있는 사회를 만드는 것이 페미니즘의 목표이기 때문이다. 1부에서는 이런 상황에서 페미니즘이 사회를 변화시키는 주요한 도구가 될 수밖에 없는 이유를 이야기하고, 비판적 지식과 실천으로서의 페미니즘의 확장을 위해 대학이 어떤 역할을 할 수 있고 해야 하는지를 살펴본다.

김소라는 「우당탕하는 '과정': 성찰적 지식과 실천으로서의 페미니즘과 그 조건」에서 대학을 사회적 관계와 정치에 대한 감각을 벼리게 되는, 성인기 이행의 문지방으로 바라본다. 제도와 정책 개혁 중심의 기존 페미니즘과 달리 일상의 성차별적 문화를 온라인 커뮤니티 기반으로 문제화하기 시작한, 2000년대 초반의 '영페미니스트'의 영향 속에서 대학을 경험한 저자는 그곳에서 목도한 페미니즘을 통해 여성은 물론 다양한 사회적 소수자 등 타인의 삶과 사회로 관심을 확장할 수 있었다. 하지만 동시에 대학은 페미니즘과 페미니스트 실천을 위축시키는 곳이기도 했다. 그럼에도 불구하고 저자가 페미니즘에 관한 관심과 실천을 계속할 수 있었던 것은 대학에서 만난 '관계'와 강의 덕분이었다. 강의는 그저 여성의 경험을 언어화하고 불평등한 젠더 관계의 현실을 설명해주는 지식 전수를 넘어 이것에 문제의식을 가진 사람들 간의 정서적·학문적 지지를, 학생회 활동은 소속 학과나 학교 단위를 넘어 또다른 여성들과의 만남을 가능하게 만들었기 때문이다. 이 과정에 대한 소회를 밝히는 저자의 글은 페미니즘이 개인의 부분적 위치를 성찰하는 도구로서 강점을 지니고 있음을, 즉 한 개인이 자신의 경험을 타인과 잇고 연결함으로써 사회를 총체적으로 이해하고 스스로를 그 연결망에 연루시키는 역량의 원천이 될 수 있음을 주장한다. 오늘날 디지털 공간의 페미니즘 지식은 여성 자신과 타인의 경험을 둘러싼 고민의 공유와 토론, 이를 통한 서로 간의 연결을 촉진하기보다는 페미니스트 자신의 지식에 대한 반박논리에 대항할 언어적 자원과 '사이다 해법'에 대한 욕망을 추동하고 있다는 듯하다. 이것이 해석과 논쟁, 성찰과 고민이라는 정치적 과정을 지연시키고 있다는 점에서 바로 그것을 가능하게 했던 대학의 역할을 다시 소환한다.

　　　　사회 부정의를 개선하기 위한 비판적 지식과 실천이 사회적 관계 속에서 끊임없이 재구성되고 미끄러지는 지난한 과정을 김소라가 "우당탕"으로 표현하고 있다면, 디지털 매체의 사용이 일상화되고 신자유주의 질서가 공고해진 2010년대 중반 이후 등장한, 이른바 '페미니즘 대중화'의 흐름 속에서 대학을 경험한 송지수는 그 과정을 "너덜너덜"로 표현하고 있다. 그의 글인 「홀로 싸우는 페미니스트들과 사라지는 지식」은 누군가와 함께 소란을 만들어냈던 이전 시기의 경험을 상징하는 "우당탕"과 달리 디지털 공간의 강력한 페미니즘 언설 이면에 홀로 남겨진 여성들의 감정으로서 "너덜너덜"이라는 표현을 쓴다. 송지수는 대학의 성차별적 문화를 통해 느낀 여성으로서의 수치를 설명할 지식을 구하고 배우고자, 그것을 알고 변화시키고자 학생들과 대학에서 새로운 시도를 하면서 고군분투했다. 이 "너덜너덜"의 과정에도 함께한 여성들이 있었고, 그렇게 엉망이고 답답해도 서로가 이 대화의 장을 떠나지 않을 것이라는 감각, 공동체에 대한 감각이 있었다는 점에서 그것은 김소라의 "우당탕"과 다르지 않았다. 송지수가 관심을 갖는 것은 "너덜너덜"의 현장이었던 대학에서 그런 공동체에 대한 감각을 벼리는 경험을 할 수 있었던 자신과는 달리, 몸들 사이의 만남 자체가 단절되거나 단절될 위기에 처한 이들이다. 예컨대 트랜스젠더 배제 페미니즘^{TERF}을 지지하는 여성들은 단단한 혐오 세력으로 알려진 외부적 표상과 달리, 반反/페미니즘과 위험/쾌락이라는 섹슈얼리티의 이분법적 전선, 완벽한 페미니스트의 규준 속에서 혼란을 겪고 있으되 그 속내를 드러낼 수 있는 사회적 관계망은 갖지 못한 이들이다. 공학 전환에 반대하는 목소리가 배타적인 안전 요구, 혹은 불법적 수단을 동원하며 떼를 쓰는 어린 여자애들의 주장이라는 담론으로 일축되는 상황에서 시위를 이어가고 있는 여대생들 역시 마찬가지다. 송지수는 이들이 경험하고 있는 대학을, 사법 권력을 동원한 검열이 난무하는 곳이 아니라 얼굴을 맞대고 경험을 공유하고 복잡한 속내를 건네며 그 과정에서 서로 오해와 왜곡이 이뤄지더라도 언젠가는 이를 다시 바로잡을 수 있게, 그래서 일단 "겁 없이" 부딪쳐볼 수 있는 곳이었던 대학과 대비시킨다. 저자는 이와 관련해 대학이 할 수 있는 역할이 있음을 주장하는 한편 대학과 디지털 커뮤니티에서 "너덜너덜"해지는 여성들이 부디 소진되지 않고 자신의 위치와 사회 부정의의 작동 방식을 더듬어 가기 위한 앎의 과정을 일상과 병행할 수 있기를 바란다.

페미니즘에 대한 대학의 역할을 묻는 1부의 마지막 장에서는 지역의 문제를 다룬다. 김하영은 「지역 대학의 디스토피아와 페미니즘의 쓸모」에서 지역 대학을 서울 중심의 자원과 기회 분배로 인해 소외된 부산물로 조망하는 데 그치는 것이 아니라, 지역 간 불평등을 젠더화된 방식으로 재생산하면서 생존하고 있는 적극적인 공간으로 소환한다. 김하영은 대학을 "슬림"하게 만들려는 경제적 효율성 중심의 구조조정 시도들이 오히려 지역을 슬럼으로 만들고 있으며, 대학은 물론 해당 지역을 살리기 위해 페미니즘이 필요하다고 주장한다. 페미니즘 지식 생산의 의지와 역량이 없는 대학의 교수 구성과 배치, 이를 심화시키는 취업 및 충원율 중심의 대학 성과 평가 기준 등과 같은 대학의 한계는 여성운동의 위상이 취약하고 보수적 생활세계의 변화가 지체되는 지역의 상황에서 더욱 심화된다. 예컨대 중공업 중심의 남성 생산직 근로자 중심으로 노동 규범과 가족의 일상, 나아가 사회적 네트워크가 형성된 지역에서 청년 여성들은 여성으로서 자유로운 발화를 할 수 없는 "페미니즘 불모지"를 경험한다. 그리고 이것이 여성들의 지역 이탈을 추동하고 있으나, 또다른 지역으로 이동한다 한들 여성들이 공부하는 해당 학문 분과의 남성중심성은 지역에서 노동을 통해 정착해야 하는 여성들의 적극적 활동을 제약하고 있다. 저자는 우리가 지역과 지역 대학의 위기를 동일시하는 데 그치거나 대학이 그 돌파구로 취업률을 지상과제로 삼거나 지역을 지운 지식 생산에 몰두할 때, 정작 지역을 통한 비판적 지식과 실천의 생산, 이를 통한 사회변혁이 어려워지고 그것은 또다시 지역을 소외시킬 수 있다고 본다. 현재와 같은 대학 운영의 원리를 벗어나면서도 지역과 상생하는 대학의 모델들을 대안적 사례로 제시한다.

대학에서의 페미니즘 현실

페미니즘은 여성이라는 정체성을 고정된 것으로 간주하고 그 집단의 권익에 부응하려는 데 그치는 것이 아니라, 젠더를 다양한 사회적 관계를 통해 끊임없이 재생산되는 열려 있고 유동적인 것으로 바라보며, 상이한 위치에서 구축된 복수의 경험적 지식의 조각들을 묶으면서 더 강한 객관성을 확보하는 지식의 생산과 열린 정치를 추구해왔다. 그렇다면 이러한 페미니즘은 대학의 변화를 어떻게 이끌 수 있을까? 1부의 논의들이 페미니즘의 확산과 갱신에 대학이 할 수 있는 역할을 물었다면, 2부에서는 대학을 비판적 지식과 실천의 장으로서 만들기 위해 페미니즘이 어떤 역할을 할 수 있는지를 고민한다.

주지하다시피 민주화와 사회주의권의 붕괴, 경제위기 이후 대학은 점점 더 사회개혁을 위한 지식 생산과 교육, 실천의 공간이라는 면모를 잃어갔다. 시장 논리를 기반으로 한 고등교육 정책과 대학 운영의 성과주의는 학습권을 소비자 권리로 축소했고, 대학은 학점과 스펙 관리의 공간이 된 지 오래다. 대학 운영진들은 대학 서열화와 기업화를 통해 경쟁력을 꾀하려 했고, 성과 중심의 대학 운영은 사회 정의와 민주주의를 제한된 자원의 공정한 분배라는 협애한 관점으로 이해하는 능력주의 이데올로기를 재생산했다. 그 결과, 인권과 차이를 강조하며 지배적인 인식과 지식을 새롭게 하려는 강좌의 개설은 불필요한 것으로 치부되고, 심지어 학내 노동자들과의 연대 시위는 바로 학습권을 침해하는 것으로 여겨지기에 이르렀다. 그러므로 페미니즘이 공정한 경쟁을 위반하려 드는 집단적 도그마로 일축되는 것 역시 그저 뿌리 깊은 여성혐오의 결과로만 이야기할 수 없다. 오늘날 여자대학의 공학 전환을 둘러싼 논쟁에서 여실히 드러나듯 경제적 수익성을 우선하는 기업의 조직 논리, 학생들을 의사결정에 참여할 권리를 가진 구성원이 아니라 소비자로 국한하는 관점, 지식과 공간의 남성중심성, 여성들의 요구와 페미니즘을 세상 물정 모르는 이들의 치기 어린 투정으로 간주하는 왜곡된 관념 등을 통해 대학이 운영되고 있다. 2부에서는 오늘날 대학이 처한 위기와 그 심화 요인을 진단하고, 이때 페미니즘이 대학을 구할 방도가 무엇인지를 질문한다.

2부의 첫 글로는 페미니즘 교육을 통해 대학을 바꿔나가려는 고군분투를 지속해온 페미니스트들이 나눈 좌담(강이수·김현미·백영경·엄혜진)을 실었다. 대학이 엘리트교육의 장을 벗어나 대중교육의 공간이 되고 젠더 관계 역시 변화해왔음에도 불구하고, 대학 안에서 다양한 페미니즘 지식이 생산·축적되지 못한 요인을 진단한다. 사회변혁을 위해 시간과 자원을 투자하기보다 대학 서열이라는 근시안적 성과를 가시화하는 데 혈안이 된 고등교육 정책, 페미니즘의 지식으로서의 권위를 평가절하하는 학계의 풍토, 그로 인한 여성학 강좌 개설의 지체와 페미니스트들의 대학 내 주변화 등이 다뤄진다. 사회변혁은 기득권이 아닌 주변부로부터 추동될 수밖에 없다는 사실을 환기하며, 변화하는 미래와 새로운 관계성에 대한 상상력을 제공하는 페미니즘의 활성화가 대학과 페미니즘이 상생하는 선순환을 만들 것이라는 점에 입을 모은다.

좌담에서 대학 현실에 대한 구조적 진단이 이뤄졌다면, 김민정과 유현미는 그 현실을 보다 구체적인 경험과 장면을 통해 설명한다. 김민정의 글 「학생 '니즈'라는 문제 설정: 대학 교양교육으로서의 페미니즘」은 시간강사의 관점에서 대학의 모습을 진단한다. 대학은 학생을 '강의 서비스의 수요자'로, 강사를 '공급자'로 규정하며 수요-공급 프레임에 따라 교육을 시장 논리로 환원해왔다. 이때 수익성이 낮다고 판단되는 인문학과 순수과학 전공은 축소되거나 통폐합되었고, 자본주의적 가치 기준에서 밀려난 학문들은 여러 전공 학생들을 대상으로 한 대규모 '융합형' 교양강의의 형태로 재편되었다. 페미니즘의 급진적 사유와 실천 역시 '융복합'이라는 이름 아래 대형 교양강의 공간으로 제한되면서 토론과 사유의 계기가 되지 못했고, 대학 내에는 젠더를 통해 사회의 구성 원리에 대한 인식의 확장을 꾀하려 하기보다는 전통적인 성역할 규범을 답습하는 강의들마저 난립했다. 저자는 오늘날 대학의 교양교육 대부분은 소비자인 학생의 요구에 부응해 편성된 상품으로서 지속가능성을 담보하지 못하며, 강사들이 교육 과정에서 경험하고 느낀 것들을 공유하고 지식으로 갱신할 기회를 제공하지 못하는 불안정한 편제임을 지적한다. 그리고 대학 자체가 진리를 추구하는 평등하고 민주적인 장소가 아니라 오히려 남성중심적 의사결정과 참여, 지식의 위계 설정이 이뤄지는 젠더화된 조직이라는 점에 주목하고, 페미니즘을 통해 대학을 비판적 지식의 생산과 실천의 장으로 변화시키는 것을 과제로 제안한다.

유현미는 「페미니즘이 짓는 대학, 대학이 키운 페미니즘」에서 김민정이 언급한 대학의 남성중심성을 좀더 상세히 설명한다. 대학 내 여학생 수의 증가는 더이상 구조적 성차별은 없다는 주장의 핵심적 논거가 되고 있지만 정작 여성의 대학원 과정 이수, 교수 임용은 왜 여전히 어려운지를 묻는다. 저자는 이를 성과를 중시하는 대학의 구조조정, 이에 부응해야 하는 연구노동자의 불안정한 노동 지위가 성차별과 맞물려 야기한 결과로 본다. 그렇게 경쟁과 성과가 지배하는 대학의 토양에서 사회적인 것과 공공성에 대한 감각이 뿌리내릴 리 만무하며, 다양한 사회 불평등에 문제를 제기하는 페미니즘은 오히려 대학 질서를 교란하는 불온한 것으로 간주된다. 저자는 이러한 대학의 구조를 변화시키는 것이 페미니즘 교육을 넘어 대학원생과 시간강사 등 모든 이들의 처우 개선과 학문의 다양성 증진을 위해 필수적임을 주장하면서, 대학을 공동체적 가치가 실현되는 공간으로 재구성하는 데 페미니즘 역시 적극 참여해야 한다고 이야기한다. 그 사례로 대학 안팎에서 학생, 강사, 연구자, 직원 등이 함께 변화를 꾀하려 했던 시도들, 또 이와 함께해온 페미니즘 실천을 소개한다.

마지막 장 「대학을 바꿔온 반성폭력 운동, 정체성을 하나 이상 공유하는 일」에서 유현미는 페미니즘이 이미 대학을 변화시키고 있음을 반성폭력 운동을 복기하며 이야기한다. 대학 내 반성폭력 운동은 성폭력에 대한 문제제기를 넘어 대학 안팎에서 사회변화를 꾀하는 급진적인 시도였다. 기존 사회운동의 저항 전략을 참고하면서도 온·오프라인의 연결과 상호 순환을 적극 활용하며 저항 행동을 집단화하는 이 과정은 페미니스트, 여성, 학생이라는 정체성을 하나 이상 공유하는 이들이 참여함으로써 여성이라는 정체성으로 환원될 수 없는 다양한 존재들이 차이를 기꺼이 마주하고 연대하는 과정이기도 했다. 이와 같이 대학을 다양한 존재들이 함께하고 만나는 회복력 있는 생태계로 만드는 일이 절실함을 호소한다.

어떤 세상에 살 것인가

오늘날 대학은 학령인구의 70% 이상이 성인기 이행의 트랙을 밟는 곳으로 변화했다. 그러나 대학에서 딥페이크 성범죄 영상물을 공유하는 채팅방이 만들어지고 성적 괴롭힘, 심지어 강간치사 사건이 발생하고 있지만, 시민성 배양이라는 교육의 책무는 뒷전이 되고 있다. 취업을 위한 스펙 쌓기와 학벌주의가 지배하면서 대학은 사교육과 부동산 시장의 근거지가 되어버렸고, 그 영향은 OECD 국가 중 수십년째 정상을 차지하고 있는 대한민국의 청소년 자살률로 나타나고 있다. 대학이 단기적 성과 평가 중심으로 바뀌며 비판적이고 창의적인 연구 기반은 약화되는 가운데 연구와 교육의 불균형이 심화되고 있으며 지역 대학들의 폐교는 지역 불균형을 심화시키고 있다. 이러한 상황에서 청년들은 경쟁과 성공에 대한 압력과 그로 인한 열패감을 사회적 소수자에 대한 혐오와 조롱, 폭력으로 분출하고 있으며, 구조적 불평등을 외면하는 반지성주의적 디지털 언설들을 쏟아내고 있다. 대학을 변화시키는 것이 한국사회를 변화시키는 과정의 일부일 수밖에 없는 이유다.

이 책은 대학 '공동체'라는 관념의 소실 과정을 비판하면서도, 그 과정에서 유구히 지속되어온 페미니즘 지식과 실천 및 그 고민들을 통해 한국사회의 변화를 요청한다. 자신이 약자이고 피해자라는 서사와 혐오 외에는 대안조차 없는 극우 정치가 아니라 차이와 다양성의 공존과 돌봄을 도모하려는 페미니즘이 더 나은 대학은 물론 더 나은 민주주의를 만드는 자원이 될 수 있으며, 우리는 그 가능성을 이미 여성들의 다양한 정치적 실천을 통해 목도하고 있다. 지금은 광장에 나타난 몸들이 누구냐를 묻는 납작한 질문을 하는 대신 지금까지 여성들이 무엇을 말해왔고 말하고 있는지를 무겁게 받아들일 차례다.

페미니즘은 단지 '지식'이 아니라, 질문하고 경청하며 함께 듣고 생각하는 능력을 키우는 지식과 실천이다. 대학이 이러한 교육의 장으로 기능할 수 있다면, 학생들은 다양한 몸들이 함께 살아가는 정치체의 시민으로서의 소양, 즉 타자를 배제하고 적대시하거나 경쟁력 없는 자신을 질책하며 분노하기보다 어떠한 구조적 불평등이 서로가 서로를 돌보고 함께 살아가는 것을 가로막고 있는지를 질문하는 소양을 지닐 수 있게 될 것이다. 그것이 바로 지금, 이 시대에 대학과 페미니즘이 다시 만나야 하는 이유다. 페미니즘 역시 대학을 재구성하는 과업이 사회변혁을 위한 실천의 일부라는 것을 더 적극적으로 받아들일 필요가 있다. 대학이 사회변혁의 유일한 주체일 필요도 없으며, 또 그럴 수도 없다. 하지만 공공재로서 대학이 어떤 역할을 하고 있는지를 묻는 것은 학생과 교수, 강사, 부모, 기관 운영자의 이해를 넘어 한국사회를 변화시키기 위한 실천의 일부다. 대학, 나아가 이 땅을 어떻게 살 만한 공간으로 만들지를 고민하는 이들이라면 페미니즘과 한국의 대학 이야기를 담은 이 책의 메시지에 귀를 기울여주면 좋겠다.

이 책은 2019년 2월 세교연구소의 세교포럼에서 시작됐다. 대학가를 중심으로 포착되는 페미니즘 대중화라는 현상을 어떻게 이해할 것인지를 논의하는 자리였다. 세교연구소와 창비는 그 자리에 참여한 저자들이 문제의식을 벼리고 연구를 확장해나갈 수 있도록 도움을 주었고, 아모레퍼시픽재단의 학술연구사업을 통해 다양한 청년 여성들의 생애 경험을 듣고 해석하는 연구가 진행되어 이 책이 완성될 수 있었다.

저자들의 의기투합 후 책이 발간되기까지 6년여가 걸렸다. 다양한 양태로 휘몰아치는 페미니즘 백래시와 함께 대학의 풍경이 부침을 겪으면서 저자들 역시 자신의 글이 어떤 쓸모가 있을지 고민하다 때로는 지치고 무기력해지기도 했다. 한국사회 민주주의의 의미에 대해 다시 생각하게 해준 남태령의 응원봉과 깃발 들은 저자들이 마음을 다잡는 데 큰 힘이 되었다. 12·3사태는 어느덧 1년이 지났고 대학에는 민주주의 대신 페미니즘이라는 말을 통해 기후위기·장애·난민·섹슈얼리티를 이야기하는 학생들이 늘었다. 이 학생들에게, 그리고 정치적 지형의 변화만큼이나 수정이 반복된 글을 끈덕지게 돌보고 중심을 잡아준 정소영, 최수민, 신채용, 박주용 편집자에게 감사의 말씀을 전한다.

2025년 12월
엮은이 추지현

제1부

대학의 현실과
지식으로서의 페미니즘

우당탕하는 '과정'

성찰적 지식과 실천으로서의 페미니즘과 그 조건

김소라

1. "그때 그 페미니스트 여러분, 모두 잘 살고 있습니까?"

"그때 그 페미니스트 여러분, 모두 잘 살고 있습니까?" 강유가람 감독이 다큐멘터리 「우리는 매일매일」(2019)에서 던진 질문이다.[1] 이 다큐멘터리는 1990년대 중반에서 2000년대 초반 페미니스트로 활동했던 '영페미니스트'[2] 다섯명을 찾아가 이들의 역사를 기록하고 페미니스트로 산다는 것의 의미를 질문한다. 더는 '영'하지 않고, 사는 지역도, 하는 일도, 관심사도, 고민도 다르지만,

---

[1] 강유가람 감독은 한국의 가족과 부동산 문제를 자전적 시선으로 바라본 「모래」(2011), 박근혜정권 퇴진을 외쳤던 여성들의 목소리를 담은 「시국페미」(2017), 1970년대부터 미군을 상대로 한 유흥산업에 종사하며 이태원에 오랜 기간 살아온 세 여성의 삶을 그린 「이태원」(2019) 등의 영화를 통해 여성의 관점으로 시공간을 재구성하려는 시도를 해왔다. 감독과 동시대를 살았던 1990년대 '영페미니스트'들의 과거와 현재를 기록한 「우리는 매일매일」(2019)은 2019년 서울국제여성영화제 한국장편경쟁부문 작품상, 서울독립영화제 심사위원상과 독불장군상을 받기도 했다.

[2] '영페미니스트'는 1990년대 중반부터 2000년대 초반 대학을 중심으로 활발하게 활동했던 페미니스트들에게 붙여진 이름이다. 이는 '젊은 페미니스트'들을 의미하기도 하지만, 그보다는 기존 진보운동에 관한 입장, 여성문제를 이해하는 방식, 제기하는 의제의 성격, 활동과 실천의 양상 등에서 나타나는 '새로움'을 포착한 것이었다. 이 시기 페미니스트들은 기존 사회운동의 가부장성을 비판하며 여성운동의 독자성을 내세웠고, 섹슈얼리티를 사적이고 도덕적인 문제가 아닌 정치적 의제로 제기하며 법적·제도적 차원의 변화와 함께 일상의 민주주의적 변혁을 주장했다. 또한 '여성' 범주를 문제 삼고, 여성 내부의 차이를 사유했으며, 지식을 유통하고 논쟁을 벌이며 담론을 형성하는 장으로 온라인 공간을 적극 활용했다. 문화제와 축제 등을 통해 엄숙하기보다 즐거운 정치를 추구하고, 수평적인 조직 문화를 지향하는 등 운동의 전략과 실천 방식 역시 새로웠다.

각자의 방식으로 20여년을 페미니스트로 살아온 이들의 이야기는 여러 영화제와 공동체 상영을 통해 여성 관객에게 많은 호응을 받았다. 나 역시 다큐멘터리의 주인공들과 유사하게 2000년대 초반 대학에서 페미니즘을 접했고, 석사, 박사, 전업 연구자이자 강사로 개인적 상황이 달라지고 페미니즘의 대중화라는 변화를 겪으며 페미니즘과 여러 방식으로 함께해왔다. 그와 가까워지거나 멀어지거나, 그로 인해 고양되거나 좌절되기도 하는 등 페미니즘과의 관계는 시기마다 조금씩 달랐지만 오랜 시간 페미니즘과 함께였던 만큼 다큐멘터리가 던지는 질문이 와닿았고, 페미니스트로 산다는 것을 향한 대중의 뜨거운 반응 또한 인상적이었다.

'영페미니스트'들의 이야기가 재조명된 것은 2010년대 중후반 페미니즘의 대중화와 함께였다. 2010년대 중후반, 페미니즘은 다시 우리 사회의 중요한 언어가 되었다. 많은 여성이 자기 삶과 우리 사회를 해석하기 위한 언어로 페미니즘을 받아들였고, 이를 통해 새롭게 차별을 발견했다. '페미니즘 리부트'[3]라고 불릴 정도로 페미니즘 운동과 담론이 활발해진 가운데 여성운동의 역사를 잇고 페미니스트들 간의 연대를 모색하는 토크 콘서트, 소모임, 심포지엄, 워크숍, 강의 등이 열렸고, 1990년대 여성운동과 페미니스트들의 역사가 다시금 발견되기 시작했다. 여성운동과 페미니즘의 사회적 영향력도, 이에 대한 관심도 줄어들던 2000년대 초반 이후 페미니스트가 된 이들은 '막차 탔다'라며 자조 섞인 농담을 하기도 했었다. 그러나 이 말은 과거를 발견하고 기억하는 이들, 새롭게 페미니즘이라는 열차에 올라타는 이들과 함께 사라졌다. 이렇게 새로운 페미니스트들과 함께 다시, 새로운 페미니즘이 등장했다.

---

[3] 손희정은 기존 시리즈의 기본 설정만 유지하고 작품을 새롭게 쇄신하는 영화를 의미하는 '리부트'(reboot)라는 용어를 사용해 2015년의 여성운동을 '페미니즘 리부트'라고 진단했다. 이 용어는 2015년의 여성운동을 1987년 민주화 및 '영페미니스트' 운동과의 접속 지점, 그리고 신자유주의 이후 여성 소비 주체의 등장이라는 단절 지점을 통해 조명한다. 자세한 내용은 다음을 참고하라. 손희정 「페미니즘 리부트: 한국영화를 통해 본 포스트페미니즘과 그 이후」, 『페미니즘 리부트』, 나무연필 2017.

이 페미니즘이 보여준 가장 큰 새로움을 꼽으라면 대중성일 것이다. 많은 20대 여성이 자신을 페미니스트라고 생각한다는 조사 결과들이 발표되었고,[4] 페미니즘은 대중적 화두이자 일상적 대화의 주제가 되었다. 연구자이자 대학 강사인 나는 대학 강의실에서 이같은 변화를 체감했다. 페미니즘 관련 강의의 수강생이 늘었고 강의 정원을 늘려달라거나 수강생을 추가로 받아달라는 학생들의 요구가 빈번해졌다. 또한 페미니즘 의제와 관련한 내 의견을 묻거나 페미니즘 서적을 추천해달라고 하는 등 페미니즘을 향한 관심과 기대가 강의실에서 느껴지기 시작했다. 『82년생 김지영』(민음사 2016)을 모티브로 자기의 삶과 경험을 한국사회의 구조 속에서 서술하라는 과제에서 더욱 다양한 경험들이 생생하게 다루어졌고, 이를 페미니즘 이론이나 개념과 연결하는 수강생도 늘었다. 젠더폭력, 탈코르셋, 미디어와 여성혐오, 디지털 성범죄, 성소수자 혐오와 차별금지법 제정처럼 동시대의 구체적 문제를 다루는 발표와 보고서가 많아졌고, 구조적 차별, 여성운동의 전략과 방향, 성평등 정책을 둘러싼 대립이 강의실에서 불거지기도 했다.

페미니즘을 접하고 배우는 과정, 페미니즘이라는 언어로 문제를 제기하고 결집하고 행동하는 방식에서도 변화가 느껴졌다. 영국 연구자 프루던스 체임벌린Prudence Chamberlain은 사람들이 우연히 발생한 사건에 디지털 기술을 활용해 신속하게 응답하고, 이 가운데 형성된 집단적 감정이 정치적 행동으로 이어지는 양상이 세계적으로 나타난다며 이를 '제4물결 페미니즘'이라고 부른다.[5] 이러한

4 　대표적으로 미투 운동과 혜화역 시위가 활발했던 2018년 7월과 11월 한국여성정책연구원이 실시한 두차례의 '한국사회의 성평등 현안에 대한 인식조사'를 들 수 있다. 이 조사들에서 20대 여성은 각각 48.9%와 42.7%가, 20대 남성은 14.6%와 10.3%가 자신을 페미니스트라고 생각한다고 답했다(한국여성정책연구원 『KWDI Brief』 50호, 2019. 1. 15). 2021년 시사IN이 실시한 조사에서도 20대 여성의 41.7%, 20대 남성의 12.2%가 자신을 페미니스트라고 생각한다고 답했다(국승민·김다은·김은지·정한울 『20대 여자』, 시사IN북 2022, 21면).

5 　제4물결 페미니즘과 그 다양한 사례에 관해서는 다음의 책을 참고할 수 있다. 프루던스 체임벌린 『제4물결 페미니즘: 정동적 시간성』, 김은주·강은교·김상애·허주영 옮김, 에디투스 2021.

변화의 한가운데 온라인 공간이 있다. 사람들이 언제든 쉽게 접근할 수 있고 일상과 밀착한 이곳에서 각종 사건과 의제, 각자가 겪은 혐오 표현과 차별, 이에 대한 감정과 의견이 빠르게 공유되었다. 이는 여성들이 부당함과 차별을 자각하고 분노와 연대감이라는 감정을 고양하는 계기가 되었고, 온라인에 국한되지 않는 정치적 행위로 이어졌다. 여성들은 온라인의 네트워크를 활용해 의제를 형성하고, 거리에서 목소리를 높이며, 정책과 법률의 변화를 촉구하는 등 정치에 적극적으로 참여하면서 여러 사회적 변화를 추동했다. 이는 분노의 표출, 통쾌한 성찰, 즐거운 놀이로서의 페미니즘 실천과 함께였다. 차별의 현실을 폭로하는 미러링 전략, 소셜미디어를 활용한 느슨한 연대, 다른 이의 경험에 대한 공감과 지지는 여성들로 하여금 일상의 즐거움을 문제 삼되 재미는 놓치지 않도록 했을 뿐만 아니라, 누구든 페미니즘에 쉽게 관심을 두고 참여할 수 있게 했다.

이러한 페미니스트들의 거침없는 실천과 함께 페미니즘은 이전과 다른 파급력을 갖게 되었다. 젠더폭력, 디지털 성범죄, 미디어의 성차별적 표현, 임신중지, 이성애 연애, 다이어트와 외모 관리 등 페미니스트들이 제기한 수많은 의제가 사회문제로 다뤄지기 시작했다. 하지만 동시에 백래시도 거세졌다. 많은 남성이 성차별과 불평등은 더이상 존재하지 않는다고 주장했고, '메갈리아'는 '여자 일베'나 다름없다고 조롱하며 '가짜'와 '진짜' 페미니스트를 감별하는 지위를 점하려고 시도했다. 차별과 불평등을 문제 삼으며 여성 의제에 목소리를 내는 페미니스트들에게 '과격하다'는 비난도 계속됐다. 또한 각종 광고와 홍보물에 포함된 집게손 모양을 '메갈리아'의 상징이자 남성혐오 표현이라고 주장하며 '남성혐오'를 '여성혐오'와 같은 문제로 취급하고, 숏커트를 하거나 여대를 다니며, '웅앵웅' '오조오억' '허버허버' 같은 단어를 사용하는 여성을 페미니스트로 간주해 집단적인 온라인 공격을 가하는 일이 벌어졌다.

사실 소란과 갈등을 조장한다며 페미니스트를 비난하는 일은 새롭지 않다. 1990년대 중반에서 2000년대 초반, 여성운동이 독자적인 사회운동이 되어야 한다고 주장하고 섹슈얼리티와 일상을 정치적 변혁의 대상으로 삼았던 영페미니스트들 역시 '꼴페미'라는 꼬리표 아래 과격하고, 극단적이며, 정치적으로 올바르지 않다는 비난을 받았다.[6] 페미니즘이 사회를 해석하는 지식이자 사회변화를 논의하는 중요한 사상으로 부상하면, 성차별과 불평등의 존재 자체를 부인하며 여성운동이 시대착오적이라고 비난하는 이들이 언제나 등장했다.

다만 최근의 페미니즘에 대한 백래시는 남성들이 자신을 차별받는 '사회적 약자'로 이해하고 그 원인으로 페미니즘을 지목하며 적대감을 드러낸다는 점에서, 그리고 이를 정당화하기 위해 페미니즘의 언어와 실천 방식을 이용한다는 점에서 그 양상이 다소 다르다. 특히 젊은 남성들이 여성에게 외면당한다는 좌절과 분노, 여성에 대한 왜곡된 인식과 여성혐오, '차별'을 겪고 있다는 피해의식 등을 온라인에서 공유·학습하고, 이것이 현실의 폭력으로 이어지는 현상에 대한 우려는 세계 곳곳에서 발견된다. 성적 요구를 거부했다는 이유로 동갑내기 여성을 살해한 13세 소년 제이미 밀러의 이야기를 다룬 넷플릭스 시리즈 「소년의 시간」(2025)에 대한 높은 관심이 이를 단적으로 보여준다. 이 드라마는 '인셀' '80 : 20 법칙' '페미니즘의 위선에 눈뜬 남성' 등을 상징하는 이모티콘을 바탕으로 형성된 공동체 문화와 남성성이 어떻게 여성의 성적 대상화, 인정받지 못하고 거절당했다는 분노, 폭력의 정당화로 이어지는지 드러낸다.[7] 이처럼 다수가 자신을 소수자이자 피해자로 정체화하면서 특정 집단의 존재 자체를 부인하고, 이들을 시민에서 배제하자고 주장하며, 심지어 이들에 대한 폭력을 정당화하려는 움직임은 여성뿐만 아니라 성소수자, 난민, 이주민을 향해서도 눈에 띄게 나타난다.[8]

---

[6] 권김현영 「영 페미니스트, 넷페미의 새로운 도전: 1990년대 중반부터 2000년대 중반까지」, 권김현영·손희정·박은하·이민경 『대한민국 넷페미史』, 나무연필 2017, 12~18면.

[7] 「소년의 시간」에서 '강낭콩' 이모티콘은 여성과 연애나 성관계를 하고 싶지만 그러지 못하는 남성들이 자신을 '인셀'(Incel, Involuntary Celibate)로 지칭할 때, '100' 이모티콘은 80%의 여성들이 '상위' 20%의 남성에게 끌린다는 80 : 20 법칙이라는 왜곡된 신념을 표현할 때, '빨간 약' 이모티콘은 남성이 페미니즘이라는 거짓에서 벗어나 진실에 눈뜬 상태를 지시할 때 사용된다. 페미니즘 대중화 이후 여성들이 영화 「매트릭스」에 등장한 '빨간 약'을 사회에 만연한 성차별을 인지하게 된 계기와 페미니즘의 상징으로 활용했음을 생각하면, 이같은 용어의 전유는 의미심장하다.

문제는 페미니스트와 페미니즘 실천에 대한 비난이 팽배한 가운데 페미니스트들의 활력이 소진되고, 페미니즘에 대한 사회적 관심과 페미니즘 실천을 이끌어낼 정치적 동력이 약화하며 페미니즘이 생명력을 잃을 수 있다는 것이다. 문제의 근본적 원인이 성차별이라는 사실을 부인하고 성평등을 향한 요구를 외면·묵인·이용한 언론과 정치권의 대응에 여성들은 저항해왔다. 하지만 동시에 불안과 분노를 증폭하는 온라인 커뮤니티와 이곳에 떠다니는 말을 검증 없이 보도하고 대변하는 언론, 지지층 결집과 정치적 동력 확보에만 관심을 가지는 정치권은 사회갈등을 부추기는 원인으로 페미니즘을 지목하며 차별과 혐오를 정당화했다. 그 결과 차별과 불평등이라는 구조적 문제를 주변화한 정치의 무능력은 은폐되었고, 삶의 불안정성은 계속되었으며, 혐오의 정치가 성평등에 관한 논의를 대신하게 되었다.

이처럼 10년이라는 길지 않은 시간 동안 우리는 페미니즘에 대한 대중적 무관심에서 페미니즘의 대중화, 페미니즘에 대한 백래시, 고군분투해온 페미니스트들의 소진과 혼란에까지 이르는 롤러코스터를 타고 있다. 나는 이러한 변화를 강의실에서 강남역 살인사건과 메갈리아를 잘 모르는 학생들을 만날 때, 그들에게 이를 과거의 '역사적' 사건처럼 설명할 때 체감한다. 이는 단순히 페미니즘에 관한 관심이 줄어들었음을 의미하지는 않는다. 2023년 11월 남성 게임 이용자들이 온라인 게임 메이플스토리의 홍보영상에 스쳐 지나간 여성 캐릭터 엔젤릭버스터의 집게손가락 포즈를 두고 이를 페미니스트가 은밀히 숨겨둔 '남성혐오'의 상징이라며 비난하고 공격한 것처럼, 남성들이 각종 홍보물에서 집게손가락 등 '남성혐오'의 표식을 찾고 공격하는 가운데 백래시의 영향력은 계속되는

8 사라 아메드(Sara Ahmed)는 사회의 다수가 자신들이 느끼는 불편함과 불쾌감, 분노와 같은 부정적 감정의 원인을 소수자나 타자에게서 찾고 이들에 대한 폭력을 정당화하는 과정에서 감정이 중요한 역할을 한다는 점에 주목하며, 이를 '감정의 문화정치'로 설명한다. 특정한 방식으로 움직이는 감정이 주체와 타자의 경계를 만들고, 이를 통해 불평등의 구조 역시 형성한다는 사라 아메드의 논의는 다음의 책에서 확인할 수 있다. 사라 아메드 『감정의 문화정치』, 시우 옮김, 오월의봄 2023.

중이다.[9] 여전히 많은 남성이 페미니스트를 남성혐오를 일삼는 집단으로, 페미니즘을 여성의 이익만을 옹호하고 추구하는 편파적인 사상으로 여기면서, 이같은 이해가 온라인을 통해 수많은 이들에게 영향을 미치며 재생산되고 있다.

이 가운데 페미니즘에 새롭게 올라타는 이들이 있을까. 그리고 이미 페미니즘이라는 '빨간 약'을 먹어 이전으로 돌아갈 수 없는 이들은 어떻게 살고 있을까. 오늘날 페미니스트들의 상황은 영페미니스트들의 그것과 비슷하면서도 달라 보인다. 남성들이 역차별을 주장하며 페미니즘의 언어와 실천을 이용하고 언론과 정치가 이들을 활용하기 위해 백래시에 동조하는 동안, 페미니스트들이 성공과 좌절, 연대와 갈등을 경험하며 함께 성장할 수 있는 시간과 공간은 축소되고 있기 때문이다. 특히 페미니즘 담론이 온라인에서 빠르게 확장된 것과 달리, 그간 학회와 동아리 등으로 젊은 여성들이 페미니즘을 접하고 연대할 수 있는 물리적·현실적 공간을 폭넓게 제공했던 대학은 이제 그 역할을 다하지 못하고 있다. 이처럼 달라진 상황 속에서 페미니즘 실천과 페미니스트 재생산의 지속가능성 문제는 진지하게 다루어져야만 한다. 다시 이렇게 질문하고 싶다. 그때 그 페미니스트 여러분, 모두 잘 살고 있습니까? 그리고 미래의 페미니스트 여러분, 어디에 있나요?

[9] 2023년 11월 넥슨의 온라인 게임 메이플스토리 엔젤릭버스터 리마스터 홍보영상에서 집게손가락 포즈가 등장하자, 일부 남성 게임 이용자들은 해당 장면이 페미니스트인 여성 애니메이터가 남성혐오를 목적으로 은밀하게 작업한 것이라고 의혹을 제기했다. 이후 해당 장면을 그린 인물로 지목된 여성 애니메이터의 소셜미디어 계정과 이름, 사진 등이 온라인에 공개되었고, 홍보영상을 제작한 외주제작사 '스튜디오 뿌리'를 향해서도 온·오프라인 공격이 이어졌다. 여성단체들이 게임 업계의 사상 검증에 항의하는 기자회견을 예고하자, 기자회견 참여자들을 향한 살인 예고가 온라인에 올라와 경찰이 조사에 나서기도 했다. 넥슨은 홍보영상 제작사를 보호하기는커녕 곧바로 영상을 비공개 처리하고 이용자들에게 사과한 뒤, 넥슨의 홍보영상을 전수 조사해 문제가 되는 이미지를 모두 수정했다고 밝혔다. 하지만 이후 '스튜디오 뿌리'가 진행한 기자회견과 언론 인터뷰 등에 따르면 실제로 해당 장면을 작업한 사람은 남성 애니메이터였고, 넥슨은 프로젝트 발주 단계부터 집게손가락 포즈가 담긴 일러스트를 자료로 제공해 영상화를 요청했다. 그러나 이같은 내용을 밝힌 '스튜디오 뿌리'의 기자회견장에 그간 의혹을 제기한 게임 이용자 누구도 모습을 드러내지 않았고, 넥슨 역시 '스튜디오 뿌리'의 해명에 별다른 입장을 밝히지 않았다. 이에 관해서는 다음의 기사들을 참고할 수 있다. 「넥슨 다른 '집게손가락'도 남자가 그렸다 … 입 연 뿌리」, 『경향신문』 2023. 12. 4; 「'집게손가락' 린치 유저들, 오프라인 설명회에 한명도 안 왔다」, 『경향신문』 2023. 12. 29.

이 글은 교양이라는 이름으로 페미니즘을 만날 수 있는 공간이었지만 이제 페미니즘의 가능성을 축소하는 변화가 빠르게 진행 중인 대학을 향해, 20대에 대학에서 페미니즘을 만났고 이제 대학에서 페미니즘을 가르치는 강사로서 던지는 질문이다. 12·3 비상계엄 이후 광장에서 만난 형형색색의 응원봉은 페미니즘을 향한 젊은 여성들의 관심과 개방성, 비판적이고 실천적인 지식으로서의 페미니즘과 민주주의 간의 관계를 잘 보여준 바 있다. 이들 2030 여성들은 한국의 민주화와 다른 세대의 사회운동 경험으로 역사적 시야를 확대하고, 타인의 삶과 공동체를 염려하고 돌보면서 성평등과 페미니즘이 민주주의의 핵심 가치임을 실천적으로 드러냈다.[10] 대학은 이처럼 광장에서 목격되는 페미니즘과 민주주의를 향한 열망에 활력을 불어넣으며 젊은 페미니스트들이 고립되지 않고 서로 연대하면서 페미니즘을 실천하는 장으로 기능할 가능성을 갖고 있다. 여전히 많은 이들이 대학에 진학하는 가운데, 대학은 나와 삶의 궤적이 다른 이들을 만나고 페미니즘을 비롯한 비판적 지식을 접하기 쉬운 곳이기 때문이다. 다만 그같은 장소로 기능하기 위해 대학은 지금과는 다른 모습이어야 한다. 이를 위해 개인적 경험을 바탕으로 대학이 변모한 과정을 검토하고, 고등교육기관으로서 대학이 지식의 생산과 환류 및 교육이라는 역할을 수행할 때 페미니즘의 중요성이 무엇인지 살펴본다.

2. 대학, 갈등하고 다투면서 함께하는 공간과 관계

대학 시절 나는 강의만큼이나 동아리와 학회, 세미나 등의 활동에 적극적으로 참여했다. 이전보다는 시들했으나 대학은 사회문제를 비판적으로 인식

10 김소라 「연대로 확장된 광장과 민주주의」, 『창작과비평』 2025년 봄호.

하고 이에 관한 지식과 논의를 이끄는 곳이어야 한다는 믿음이 남아 있었고, 대학 생활에서 강의와 학점만큼이나 동아리와 학회, 학생 간 세미나 등 다양한 활동에 참여하는 것이 중요하다고 여기는 분위기였기 때문이다. 다양한 자리에서 사회과학 지식 전반에 관한 관심과 비판적·실천적 지식의 중요성이 으레 언급되었고, 페미니즘과 여성주의도 그중 하나였다.

입학식을 하기 전 참여한 새내기새로배움터(약칭 새터)에서 여러차례 들었던 이야기 중 하나는 대학의 신자유주의적 구조조정과 이를 막아낸 지난하고도 자랑스러운 학생들의 저항, 하지만 학생회와의 합의에도 불구하고 뒤통수를 친 대학에 관한 것이었다. 당시 학교는 학생의 전공 선택권을 보장한다는 명목으로 학부제를 도입했는데, 이는 학생 충원율이나 취업률이 낮은 비인기 학과의 인원 감축과 학과 통폐합을 통해 대학을 시장처럼 재편하려는 시도라는 시각이 지배적이었다. 이 때문에 인문학을 비롯한 기초학문의 위기와 고사를 우려하는 목소리도 컸다. 학생들 역시 이같은 비판과 우려에 공감하는 동시에 뒤늦게 학과가 결정되는 학부제에서는 신입생들이 학과에 소속감을 느끼기 어렵고, 선후배 관계와 대학 공동체가 와해될 수 있다며 학과제로 돌아갈 것을 요구했다. 이 과정에서 단과대 학생 전체가 필수 교양강의의 시험을 거부하는 투쟁을 한 끝에 학교로부터 학과제로 돌아가겠다는 합의를 얻어냈으나, 학교는 이 약속을 뒤집고 다시 학부제로 신입생을 모집했다.

당시 내가 입학한 문과대학은 16개 학과가 3개의 학부로 나뉘어 있었고, '2+2 제도'로 입학한 나는 2년간 내가 속한 인문학부의 7개 전공을 탐색한 후 3학년 때 학과를 선택해야 했다. 단과대학 학생회는 아직 학과에 소속되지 않은 신입생들을 학번에 따라 임의로 나누어 선배들과 연결해주었고, 그 결과 나는 심리학'반'에 소속되었다. 대학 구조조정은 내가 입학한 뒤에도 계속되었고, 입학 다음 해에 나는 학부가 아닌 단과대학 단위(16개 학과)로 광역화된 모집 체계 속에서 '1+3 제도'로 입학한 후배를 맞이해야 했다.[11] 학부제와 광역화된 모집단위에서는 취업이 잘되는 학과의 인기가 높았다. 학생들의 지원 학과에 대한 합격 여부는 추후 성적에 따라 결정되었으며, 비인기 학과들이 모집 정원을 채우지 못하는 일도 발생했다. 나는 새터에 참여했을 당시 이러한 상황을 잘 알지는 못했다. 하지만 학생 간, 학문 간 경쟁을 장려해 '쓸모 있는' 인재와 학문을 양성하고 대학 조직의 효율성을 제고한다는 학교의 언어에 맞서, 기초학문이 처할 위기를 우려하며 각 학문의 독자성과 가치를 주장하고 학과 공동체의 필요성을 옹호했던 말들은 내가 입시 과정에서는 미처 생각하지 못했던 것이어서 신선하게 다가왔다.

또 새터에서 인상적이었던 것은 선후배 간 위계 속에서 선배가 술을 강권하거나 성폭력 피해가 발생할 가능성을 일깨우고 이에 대비한 교육이 이루어졌다는 점이었다. 이미 대학이라는 공간에 익숙한 선배와 새롭게 공동체의 일원이 된 신입생이 함께 자기소개, 게임, 상황극, 음주 등을 하는 새터의 특성상 선배들은 선배라는 지위를 활용해 원치 않는 상황과 행위를 강제할 수 있고, 이에 반해 신입생들은 문제를 제기하기 쉽지 않으니 공동체 차원의 환기와 교육이 필요하다는 설명과 함께였다. 이 경험은 입학 후 내가 페미니즘 세미나에 참여하고, '반성폭력 자치 규약' 제정 등에 관심을 가지며, 다음 해 새터에서의 성폭력 위험을 알리고 그런 상황이 발생했을 때 대응을 돕는 '새터 지킴이'로 활동하는 데 영향을 미쳤다. 새터 지킴이 활동을 위해 다른 학과 학생들과 함께 페미니즘 세미나를 하고, 교육 내용과 활동 지침을 만들고, 새터를 기획하는 학생회와 협업한 것 모두 의미 있는 정치적 경험이었다.

내가 대학에 입학했을 당시에는 이처럼 학과 공동체에서 비판적 지식과 논의를 접하고, 이를 학회와 세미나, 동아리 등에서 심화하며, 각종 모임과 활동에서 페미니스트 네트워크가 곧잘 형성되는 환경에서 페미니즘 이론과 실천을 접할 기회도 자연스럽게 열려 있었다. 나는 대학에서 처음 페미니즘을 본격적으

---

11 이후 '자유전공' 등의 이름으로 자신이 직접 전공을 설계하는 제도가 여러 대학에 도입되었으나, 이제 많은 학교는 다시 학과제로 신입생을 모집하고 있다.

로 접했는데, 이는 강의보다는 학회와 동아리, 소규모 세미나, 학과 행사, 여성주의 집회 등 대학이라는 공간에서 자발적으로 이루어지는 활동과 그에 참여하는 사람들을 통해서였다. 일례로 신입생 때 선배와 친구들을 따라갔던 '월경 페스티벌'에서 내가 본 것은 붉게 칠해진 채 학교 곳곳의 빨랫줄에 널린 생리대였다. 이는 나에게 생리일을 '그날'로, 생리대를 '그것'으로 표현하고 생리대를 검정 봉투에 담고 생리혈을 파란 액체로 은유하는 것에 익숙했던 경험을 돌이켜보도록 했다. 붉게 칠해진 채 널려 있던 생리대는 그 자체로 강렬한 시각적 경험과 지적 충격을 선사했다.[12] 이 기억은 '피자매연대'라는 기획 아래 생리대의 안전성에 의문을 제기하고, 학교 광장에서 선후배와 앉아 대안 생리대를 바느질하며 생리컵에 관한 정보를 나눴던 경험으로도 이어진다.

　　또한 여성의 몸을 획일적인 기준으로 평가하고 상품화하는 세태를 비판했던 '안티미스코리아 페스티벌'은 나로 하여금 대학 입학 전 종종 들었던, '꾸미는 건 대학에 가면 얼마든지 할 수 있다'는 식의 말들이 지닌 의미를 다시 생각하게 했다. '월경 페스티벌'과 함께 1999년 시작된 '안티미스코리아 페스티벌'은 획일화된 미적 기준 아래 평가절하된 여성의 모습을 재발견하고 아름다움에 대한 새로운 모델을 제시하고자 했다.[13] 나는 다양한 나이와 직업, 외양의 여성들이

12　고려대, 서울대, 서울시립대, 연세대 페미니스트들이 모인 여성문화기획 모임 '불턱'은 여성의 몸과 섹슈얼리티에 관한 대안적 문화를 상상하고자 '월경 페스티벌'을 기획했다. 1999년 고려대학교에서 '유혈낭자'라는 이름으로 시작된 제1회 '월경 페스티벌'에서는 월경을 낯설고 불쾌한 사건이 아니라 일상의 경험으로 자리매김하고자 했고, 2회, 3회, 4회에는 월경을 공론화하는 데서 나아가 각각 '달 떠들떠' '얘기치 못한 즐거움' '경(慶)칠년들'이라는 이름 아래 월경을 즐겁고 긍정적인 경험으로 이해하고자 했다. 2007년 9회까지 개최된 '월경 페스티벌'은 여성들이 서로의 월경 경험을 나누고 '폐경'이 아니라 '완경'이라는 표현을 사용하는 등 월경을 귀찮고 짜증 나는 일이 아니라 자기의 삶에 통합할 수 있는 몸의 경험으로 받아들이도록 하는 시도였다. 이후 페미니즘 대중화 속에 2018년 '어떤 피도 우리를 멈출 수 없다'는 이름으로 다시 개최되었다.

13　1990년대에 여성단체들은 미스코리아 선발대회가 여성의 몸을 파편화하고 아름다움을 획일적 기준으로 재단한다고 문제를 제기했는데, 이는 '안티미스코리아 페스티벌'이라는 실천으로 이어졌다. 이를 시작으로 2002년에는 미스코리아 대회의 공중파 중계방송, 2004년에는 미스코리아 대회의 수영복 공개심사가 폐지되기에 이른다. '안티미스코리아 페스티벌'은 이후 2005년부터 '안티성폭력 페스티벌'로, 2007년부터는 '안티페스티벌'로 이름이 바뀌며 2009년 11회까지 계속되었다.

각자의 삶과 존재가 가진 아름다움을 뽐냈던 '안티미스코리아 페스티벌'을 통해 새로운 삶과 사람들을 접하고 이들의 에너지에 압도되기도 했으며 무엇보다 페미니즘을 내 삶과 직접 연결된 가치이자 철학으로 이해할 수 있었다. 서울국제여성영화제와 각종 집회에 자신만의 스타일로 한껏 꾸미고 나타난 여성들을 마주친 경험 또한 인상 깊었다. 여성에게 아름다움을 강제하는 사회를 비판하는 글들을 읽는 것만큼이나 축제를 활용한 문화정치에 참여하고 다양한 방식으로 자신을 표현한 페미니스트들을 만나는 경험은 그 자체로 배움의 장이었고, 페미니스트 정체성을 체화한 순간이기도 했다.

이처럼 내가 대학에서 페미니즘 지식과 실천을 다양하게 접할 수 있었던 것은 앞선 페미니스트들의 노력과 실천 덕분이었다. 여성의 대학 진학률이 1990년 32.4%, 1995년 49.8%, 2000년 65.4%로 빠르게 증가하며 대학에서 여성들의 수가 늘어나는 가운데, 여성운동의 성과가 축적되고 페미니즘 이론이 대중문화와 대학 강의실을 통해 전파되면서 앞서 언급했던 영페미니스트들이 등장했다.[14] 이들은 1990년대 중반~2000년대 초반 대학에서 섹슈얼리티라는 의제를 이전과 다른 방식으로 제기하고자 했고 풍성한 문화적 실천을 시도했다.[15]

영페미니스트들은 몸, 연애, 성관계, 성폭력, 성매매 등 성性과 관련된 문제들이 그 자체로 권력이 얽힌 정치적 문제라고 주장하며 '성'과 '정치'를 함께 논의의 장으로 끌어들였다. 또한 자기 몸과 섹슈얼리티 경험을 바탕으로 일상을 사

---

[14] 같은 시기 남성의 대학 진학률은 1990년 33.9%, 1995년 52.8%, 2000년 70.4%로 증가했다. 2009년 여성의 대학 진학률(82.4%)이 남성의 대학 진학률(81.6%)을 앞선 이후, 여성의 대학 진학률이 남성의 대학 진학률을 앞서는 경향이 지속되고 있다. 주재선·송치선·박건표 『2012 한국의 성인지 통계』, 한국여성정책연구원 2013, 171면; 한진영·이동선·박송이·이진숙·이서현 『2025 한국의 성인지 통계』, 한국여성정책연구원 2025, 146면.

[15] 그 배경에는 성(性) 담론의 폭발적 성장 속에서 섹슈얼리티의 의미가 생식이나 출산이 아니라 개인의 육체적 쾌락 및 감정적 친밀성, 자아 정체성의 형성과 확립에 관련된 것으로 빠르게 변화해온 흐름이 자리잡고 있다.

적이고 내밀하며 평화로운 곳이 아니라 삶을 지속하기 위해 우리가 끊임없이 변혁해야 할 공간으로 그려냈다. 이 과정에서 민주화 이전에는 주로 공권력에 의한 성폭력 사건을 통해 제기되던 성폭력 문제는 이제 남성중심적 성문화와 불평등한 젠더 권력관계의 문제로 이해되기 시작했다. 이는 성폭력이 첨예한 정치적 문제이자 우리 사회가 남성중심적 문화와 일상을 변혁할 때만 넘어설 수 있는 문제임을 뜻했다. 여성을 동등한 동료 시민이 아니라 성적 대상으로 바라보는 시선과 이를 뒷받침하는 구조가 성폭력의 원인이기 때문이다. 하지만 일상을 민주주의적으로 변혁하려는 시도는 큰 반발을 불러왔다. 이러한 시도가 가해자를 옹호하고 피해자를 비난하며 성폭력의 발생과 지속을 공모하는 문화를 정면으로 비판하고, 성폭력 개념과 정의를 새롭게 하는 '반성폭력 자치 규약' 마련 및 사건 해결 기구와 절차의 도입 등 공동체에 커다란 변화를 요구했기 때문이다.

　　나 또한 페미니즘 실천을 둘러싼 갈등과 반발을 다양한 형태로 경험했다. 새터 지킴이 활동을 하며 내가 가장 많이 들었던 반발의 소리는 '노는 분위기를 망친다'는 것이었다. 눈에 띄기 쉽게 단체복을 맞춰 입은 '새터 지킴이'들이 즐거워야 할 분위기를 경직시킨다는 이같은 불만을 제기하는 이들은 페미니스트를 '프로불편러'이자 '예민러'로 취급하고, 성폭력을 별것 아니고 발생 위험이 지극히 낮은 것으로 치부했다. 또한 어떤 말이나 행동이 성폭력이나 성희롱, 혹은 성평등 의식의 부재로 지적받으면 그럴 의도가 아니었다는 변명, 나쁜 의도가 없는 행위에 비난이 지나치다는 불평을 빈번하게 되돌려주었다. 나는 이런 경험을 통해 기분이나 관습 등에 호소하며 페미니즘 실천을 축소하려는 태도를 가능하게 만드는 것이 권력이며, 이는 그 자체로 정치라는 사실을 몸으로 배웠다.

　　군산 성매매 집결지에서 발생한 화재 참사 이후 학내에서 반(反)성매매 캠페인과 '성매매 방지법' 제정을 위한 서명운동을 진행했을 때도 반발에 부딪혔다. 성별에 따라 비대칭적으로 이루어지는 성의 구매와 판매, 엄청난 규모의 한국 성 산업이 성차별과 불평등의 대표적 사례임을 설득하는 것 자체가 지난하고 때로는 불가능해 보였다. 성을 사고파는 행위는 손쉽게 개인의 자발적 선택으로 이해되었고, 이를 문제 삼고자 한다면 구매자뿐 아니라 판매자 역시 처벌하는 것이 공정하다는 목소리도 컸다. 성판매 여성을 차별적 구조의 피해자로 보고자 하는 '성매매 방지법'에 의문을 제기하거나, 성매매는 자신의 삶과 관련 없는 문제라며 무관심한 태도를 보이는 이들도 많았다. 이 과정에서 나를 비롯해 그러한 운동을 진행하던 이들은 성판매업은 인류 역사상 가장 오래된 직업이라 없앨 수 없는 '필요악'이라거나, 성매매가 남성의 성욕 해소를 도와 성폭력을 예방하는 효과가 있다거나, 성판매 여성은 돈을 쉽게 벌려고 하는 비윤리적이고 사치를 일삼는 이들이라는 편견에도 무수히 노출되어야 했다.[16]

　　나는 대학이라는 공간에서 페미니즘을 비롯한 비판적 지식을 접하고 타인의 삶과 사회로 관심을 확장할 수 있었지만, 동시에 대학은 페미니즘과 페미니스트 실천을 위축시키는 곳이기도 했다. 학생운동과 학생회의 사회운동을 비판하고 학생 복지에만 치중하겠다며 자신의 정체성을 '비운동권 학생회'로 내세운 이들이 총학생회 선거에서 당선되는 것과 같은 학생 사회의 변화도 이에 한몫했다. 이들 '비운동권 학생회'는 대체로 단과대 및 학과의 학생회 활동, 동아리 등 자치단체의 정치활동을 지원하는 데 소극적이었는데, 이는 대학과 대학생이 사회 비판과 사회변화를 추동해야 한다는 기대가 차츰 사라지고 대학이 사회의 축소판이 되어가는 분위기가 반영된 것이었다.

　　이러한 상황에도 불구하고 내가 페미니즘에 관한 관심과 실천을 지속할 수 있었던 것은 대학에서 만난 '관계'와 강의 덕분이었다. 새터 지킴이 활동은 총학생회와 여학생위원회가 함께한 가운데 학과를 넘어 학교 단위에서 이루어졌기에 그 준비 과정에서 나는 다른 학과 및 단과대의 페미니스트 활동가를 만날

16　대선 당시 '성매매 방지법' 제정을 공약으로 채택했던 노무현정부의 출범 이후, 2004년 3월 '성매매알선 등 행위의 처벌에 관한 법률'과 '성매매방지 및 피해자보호 등에 관한 법률'이 제정되었다. 하지만 모든 성판매 여성을 '피해자'로 보아야 한다는 여성운동의 주장은 법률에 받아들여지지 않았고, 성판매 여성이 '행위자'와 '피해자'로 나누어져 일부 성판매 여성만이 피해자로 보호받을 수 있게 되었다.

수 있었다. 이들과 교육 자료 및 지침을 마련하는 공적인 논의를 했을 뿐 아니라 새터 지킴이 활동을 가로막는 사람들에 대한 분노를 사적으로 나누기도 했고, 활동을 설득하고 관철하기 위한 전략을 함께 고민하기도 했다. 이후 참여한 여학생 위원회의 세미나에서도 다른 학과와 단과대의 선후배 페미니스트들을 만날 수 있었다. 다른 페미니스트들과 함께 방학 동안 집중적으로 이루어진 여학생위원회의 세미나에서 페미니즘 고전들을 읽고, 성 산업에 대한 고민을 나눴으며, 반反성매매 캠페인에 참여했다.

대학 강의 역시 사회에 관한 관심을 확장하는 동시에 다른 페미니스트들과 만나고 연결될 수 있는 장을 내게 마련해주었다. 난 전공강의에서 다큐멘터리 「나와 부엉이」를 다른 학생들과 함께 보며 미군 기지촌과 그곳에서 일했던 여성들의 삶, 그리고 성매매에서 벗어난 여성들의 공동체로 시야를 넓힐 수 있었다. 이는 군산 성매매 집결지에서 발생한 화재 참사를 알게 되고 '성매매 방지법' 제정을 요구하며 생겨난 성매매와 성 산업에 관한 관심과는 또다른 것이었다. 고용허가제와 노동허가제 간의 갈등을 다룬 다른 강의에서는 성을 판매하는 외국인 여성들이 이주노동자 문제에서 비가시화되는 양상을 살필 수 있었다. 또한 혁명사를 다루었던 강의 덕분에 5·18 광주민주화항쟁에 참여한 여성들이 어떻게 주변으로 밀려나 잊히고 남성 민주 열사들과 다르게 기억되는지 생각해보기도 했다. 강의실에서 만난 페미니스트들과는 쉽게 연대의식이 싹텄고, 강의를 통해 페미니즘에 관한 관심이 의미 있는 것이라는 정서적·학문적 지지를 받기도 했다.

물론 대학이라는 공간이 그렇듯 그곳에서 맺어진 관계 역시 낭만적이지만은 않았다. 페미니스트와 그렇지 않은 이들 간에, 그리고 페미니스트들 간에 다툼과 갈등은 언제나 존재했다. 이는 당시의 내 생각과 지식이 설익은 것이기 때문이기도 했고, 내 생각이 정치적으로도, 학문적으로도 옳다는 확신으로 타인의 논리를 압도하려는 마음이 너무 컸기 때문이기도 했다. 이런 마음이 클 때는 나와 생각이 다른 이에 대한 부정적인 감정에 나 스스로가 잠식되기도 쉬웠다. 머리로는 페미니즘 지식과 지향이 옳다고 생각하면서도 연애, 외모 꾸미기, 가족과의 관계 등에서 그와 상반된 욕망을 경험하며 내적 갈등을 겪기도 했는데, 내가 그러한 갈등을 겪고 있다는 사실을 말하기 쉽지 않았을 뿐만 아니라 다른 이와 비슷한 경험을 공유하는 것이 껄끄럽기도 했다.

그렇다 하더라도 이 관계는 대면으로 맺어진 것이자 학교를 매개로 한 것이었기에 나로서는 이를 하루아침에 없는 일로 만들 수는 없었고 관계의 파국은 최대한 피해야 했다. 페미니즘을 접하고 세계를 넓혀가는 일은 근사했지만, 그 과정은 마냥 멋있지도, 매끄럽지도 않았다. 이는 그야말로 우당탕하는 여정이었고, 이불킥을 하고 싶은 흑역사 또한 무척이나 많았다. 갈등하는 속내를 털어놓고 누군가를 비난하거나 욕하기도 하며 시답잖고 말도 안 되는 대화와 논쟁을 하면서 함께한 이들이 없었다면 그 시간을 지나올 수 없었을 것이다.

3. 사회와 연결된 대학: 젠더 정치의 부재 혹은 과잉

사실 한국의 대학은 사회문제를 비판적으로 인식하고 이에 관한 지식이나 논의를 이끄는 역할을 방기한 지 오래다. 사회 의제를 새롭게 인식하고 해석할 지식을 생산하기보다 대학 바깥의 논의를 받아들이는 데 그치게 되면서, 대학은 그저 사회의 축소판과 같은 모습을 보여주고 있다. 이와 함께 대학생이 사회에 비판적 관심과 태도를 가져야 한다는 생각도 사라졌다. 이는 오늘날 페미니즘을 '젠더갈등'이라는 프레임으로 바라보고, 지식·철학·실천으로서의 페미니즘을 이해하려는 시도는 줄어드는 경향 등으로 나타난다. 이제 페미니즘과 성평등에 관심이 있어서가 아니라 시간이 맞아서, 그보다 적극적으로는 사회적 논란에 관한 궁금증으로 관련 교과목을 수강하는 학생들이 많아졌다. 사회와 마찬가지로 페미니즘에 관한 관심은 줄어들고 백래시가 거세지면서, 대학이라는 공간에서 페미니스트들이 연결되고 성장할 수 있는 조건은 악화하고 있다.

이는 점점 줄어드는 대학 내 자치활동을 위한 공간, 그리고 대학에서 발생한 성폭력과 이에 대한 대응 등에서 단적으로 드러난다. 아이러니하게도 페미니즘 대중화 이후 대학의 페미니스트들은 학생투표라는 형식적 절차와 민주주의라는 외피 속에서 총여학생회와 여학생위원회 등의 폐지, 페미니스트 활동을 위한 예산과 공간 등 물적 조건의 축소를 겪어야 했다. 각 대학의 온라인 커뮤니티인 에브리타임에서 반복되는 페미니즘과 페미니스트를 향한 혐오와 비난은 페미니즘에 적대적인 대학의 분위기를 잘 보여준다. 대학의 페미니스트들이 총여학생회를 대신할 소규모 모임을 만들고, '유니브페미'라는 이름으로 함께 모여 에브리타임의 혐오 표현에 대응하는 실천을 하기도 했지만, 익명성 뒤에 숨어 효율성, 객관성, 공정성 등의 논리로 세력화한 안티페미니즘은 쉽게 물러나지 않았다.[17]

대학의 페미니스트들은 성폭력 사건을 공론화하고 이에 대응하는 과정에서도 숱한 어려움을 겪어야 했다. 대학에서도 미투 운동에 힘입어 성차별적 관계나 수업 환경 등에 대한 고발이 이루어졌지만, 성폭력 사건이 해결되는 험난한 과정에서 발견되는 페미니즘에 대한 이해의 부재는 페미니스트들을 좌절시켰다. 학교를 중심으로 해서 만들어진 대규모 대화방에서 참가자들이 서로 동시에 아는 여성('겹지인')을 찾아 딥페이크 성착취물을 제작한 사건은 페미니즘이 대학 구성원들의 인식 속에 자리잡지 못했음을 단적으로 보여준다. 딥페이크 성착취물의 집단적 제작과 공유가 알려진 계기는 다름 아닌 지난해 5월 서울대학교에서 발생한 딥페이크 성착취물 사태, 8월 말 인천의 한 대학에서 발견된 1200명 규모의 텔레그램 대화방의 존재였다.

---

17 대학 페미니스트 공동체 '유니브페미'는 '대학 온라인 커뮤니티 내 혐오 표현 대응을 위한 F5 프로젝트'라는 이름으로 2020년 4월부터 약 4개월간 25개 대학의 에브리타임 내 혐오 표현을 모니터링하는 활동을 전개했다. 모니터링 결과 600건이 넘는 혐오 표현 게시물을 발견했고, 이를 바탕으로 에브리타임과 방송통신심의위원회에 이용 규정 개선과 혐오 표현 심의 기준 마련 등을 요구했다. 하지만 별다른 변화가 없자 2021년 7월 '페미 글은 썰면서 혐오 글은 봐주는 에브리타임'이라는 제목의 집담회를 개최하고, 에브리타임 측의 무책임한 대응이 혐오 표현을 재생산하고 온라인을 배타적인 공간으로 만들고 있음을 비판한 바 있다. 이에 관해서는 다음의 기사를 참고할 수 있다. 진실 「"페미 글은 썰면서 혐오 글은 봐주는 에브리타임"」, 『일다』 2021. 8. 24.

이전에도 대학은 성폭력에서 자유로운 곳이 아니었고, 교수에 의한 성폭력과 학생 간 성폭력, 단톡방 성폭력 등 다양한 성폭력 사건이 발생했다. 그간 피해자와 연대한 대학의 페미니스트들은 이를 공동체의 문제로 공론화했고, 사법 체계의 수사 및 처벌과는 별개로 대학 차원에서 문제를 해결하려고 시도했으며, 가해자의 처벌과 피해자의 회복에 더해 공동체 자체의 변화를 촉구했다. 하지만 이제 대학은 성폭력의 정의, 사건의 규명과 해결, 성폭력의 의제화에 이르기까지 거의 모든 사안을 사법 체계와 사회적 논의에 의존할 뿐, 피해자를 보호하고 공동체를 바꿀 최소한의 의지조차 없는 듯 보인다.

이러한 변화는 대학이 신자유주의적 구조조정에 의해 수월성과 효율성을 중심으로 개편되고, 이에 따라 사회가 요구하는 인재의 양성과 학생들의 자기계발에 치중하는 가운데, 학생 간 경쟁이 일상화된 데에 기인한다. 앞서 살펴보았듯 이전에 대학은 강의를 통해 페미니즘을 비롯한 비판적 지식의 교육을 보조하고, 학생들이 강의 외의 여러 활동을 통해 비판적 사고를 접할 수 있는 토대를 마련했다. 하지만 전자는 소수의 교수자에게 기대고, 후자는 학생들의 자치적인 활동가 조직에 맡겨둔 가운데 이를 진지하게 고민하지 않았다. 이제 학회, 세미나, 동아리, 학생회 등 페미니즘 지식과 담론을 공유할 자치적인 조직이 해체되고 페미니스트 네트워크가 약화하며 그간 보조적 역할을 해온 강의와 교육의 가능성 또한 축소되고 있다. 이는 대학이 대형 교양강의와 인기 강좌의 개설과 지원에 치중하고, 페미니즘 강의를 강사와 같은 비전임교원에게 의존하는 경향 속에서 가속화되는 듯하다.

나는 2011년부터 2019년까지 서울 지역의 한 사립대학에서 2학점의 '여성학' 강의를 담당했다. 적게는 한 학기에 2개를, 많게는 4개를 담당했던 이 '여성학' 강의의 수강 정원은 80명이었다. 10년에 가까운 시간 동안 담당했던 이 강의를 그만두면서 가장 크게 느낀 감정은 '후련함'이었다. 페미니즘에 대한 학생들의 늘어난 관심과 사회적 주목이 여성학 강의의 수와 운영 방식에 별다른 영향을 미치지 못했기 때문이다. 내가 강의 규모 축소와 후속 강의 개설 요구를 계속했음에도 변화는 없었고, 혼자 한 강의당 80명을 평가하고 피드백해야 하는 열악한 환경도 지속되었다. 2학점짜리 대규모 강의에서는 교수자와 수강생 간의, 수강생과 수강생 간의 상호작용이 쉽지 않았기에 수업은 강의 위주로 진행하였다. 전공도 다르고 페미니즘에 관한 관심과 지식의 수준도 제각각인 이질적인 수강생들 앞에서 이들의 반응과 흥미를 가늠하며 강의하고 나면 피로감이 몰려왔다. 강사가 학점을 부여하는 권력을 가진 상황에서 적대적인 '이대남'의 존재는 두드러지지 않았고 학생들 사이에 페미니즘에 관한 관심이 생기는 것이 느껴지기도 했지만, 힘든 것도 사실이었다.

　　나는 비전임교원이었고, 페미니즘 교육에 관심 있는 전임교원이 없었기 때문에 교수자 간 네트워크의 부재와 고립도 크게 느껴졌다. 다른 개설 강의와의 연관성을 고려한 페미니즘 교양강의를 기획하기 어려웠을 뿐만 아니라, 강의를 위해 활용할 수 있는 자원에 관한 정보 공유도 잘 이루어지지 않았기 때문이다. 페미니즘에 열의가 있는 학생이나 젠더폭력 혹은 데이트폭력 등의 피해를 겪은 학생들이 상담을 요청하기도 했지만, 비전임교원인 내가 강의 시간 동안만 학교에 머물렀기에 대부분은 단발적 상담에 그치고 교류가 계속되지 못하는 문제도 있었다.

　　페미니즘 실천과 페미니즘 지식의 순환, 페미니즘 교육, 대학 조직은 연결된 문제다. 불연속적인 강의 개설, 비전임교원의 고립, 학생과의 지속적인 교류의 어려움, 학과의 무관심과 강의 관리 부재 등 대학 조직 운영의 문제가 페미니즘 강의의 지속가능성을 저해할 수 있기 때문이다. 또한 남녀공학 전환 논의와 이에 대한 학생들의 반발, 학생들의 저항에 대한 학교의 적대적 대처로 이어진 동덕여자대학교 사태에서도 볼 수 있듯, 대학 조직의 운영 원리가 페미니즘과 페미니스트 실천에 대한 집단적 비난이 팽배하는 조건을 만들어내기도 한다. 따라서 페미니즘 교육, 페미니즘과 페미니스트 재생산에서 대학이 수행하는 역할은 운영 원리의 차원에서 논의되어야 한다. 페미니즘이 대학의 원리로 기능하지 못하고, 이에 관해 논의될 수 있는 토양이 마련되지 않은 상태에서 이루어지는 교육은 의미를 갖기 힘들다. 성평등 교육과 성희롱·성폭력 예방교육이 대학을 비롯한 학교에서 의무화되고 반복적으로 이루어지고 있지만, 구조적 성차별이 부정되고 성평등 정책이 무력화되는 상황에서 교육에서 전달하는 지식이 힘을 발휘하기 어려운 것과 마찬가지다.

특히 오늘날처럼 페미니즘 지식과 담론을 공유하고 페미니스트 간의 관계를 형성할 기회를 제공해온 학생들의 자치조직이 대폭 축소된 가운데, 대학은 강의를 통해 페미니즘과 같은 비판적 지식을 전수해야 할 뿐 아니라, 학생들의 자치조직과 자치활동이 가능한 환경과 조건을 만드는 역할도 해나가야 한다. 그 첫걸음은 대학을 페미니즘에 대한 논의가 이루어지는 공론장으로, 그리고 그 구성원들이 갈등하고 연대하며 함께 성장할 수 있는 공간으로 조성하는 것이다. 에브리타임을 모니터링하고 대책 마련을 요구한 유니브페미의 활동은 페미니즘과 페미니스트에 대한 근거 없고 무분별한 적대와 혐오의 표출을 제한하고, 공론장을 확대하고자 한 시도의 일환이라 할 수 있다. 페미니스트들이 안전하게 관계 맺고 발언하고 논의할 수 있도록 해 그들의 고립을 막을 때 비로소 페미니즘 지식과 실천의 환류가 가능하며, 이러한 토대 위에서만 대학은 지식 생산과 인재 양성이라는 본연의 역할을 다할 수 있기 때문이다.

4. 페미니즘, 대학을 바꿔라: 대학의 가능성, 가능성의 대학

대학이 페미니스트들이 안전하게 연결되고 활동할 수 있는 공간으로 기능하는 것은 지식과 실천이 분리될 수 없는 페미니즘이라는 정체성, 그리고 실패와 좌절, 성공과 연대라는 '과정' 속에 형성되는 페미니스트 정체성 모두와 밀접하게 연관되어 있다. 내가 대학에서 페미니즘 실천에 참여하고 다른 페미니스트들과 교류하며 깨달은 사실은 페미니즘이 단순히 정교화된 의미 체계나 이론이 아니라 그 행간에 역사와 경험이 담겨 있다는 것이었다. 성차별의 구조를 이해하고 분석하며 변화시키려고 시도하는 페미니즘에서 지식과 실천은 분리될 수 없고, 이 지식은 언제나 '상황적'이다. 페미니즘 이론은 책으로 배우기만 하면 되는 것이 아니라 그것의 '상황적' 성격을 이해하고 행간을 채워 넣어야 하는 것이기에 다른 사람들과 다투고 갈등하면서도 함께할 수 있는 공간과 관계가 무엇보다 중요하다.

2010년대 중반 시작된 페미니즘 대중화에서 온라인 공간은 핵심적인 역할을 했다. 하지만 페미니스트가 되려는 이들이 우당탕하는 과정을 함께 버텨내고 성장할 수 있는 시간과 공간은 부족한 상황이다. 온라인이 사람들로 하여금 시공간의 한계를 뛰어넘어 다양한 의제에 접근하고 특정 사안에 신속하게 결집할 수 있게 한 것은 사실이다. 그러나 논쟁에서 상대를 이길 수 있는 선명한 주장이나 통쾌함을 안기는 사이다 발언이 쉽게 주목받는 온라인에서 페미니즘 지식은 해석과 숙고의 과정을 거치지 않고, 논의의 역사적 맥락이 고려되지 않은 채 파편적으로 소비된다.

그뿐만 아니라 많은 연구가 지적하듯 함께 페미니즘 지식을 나누고 혼란과 실패의 경험을 공유하는 과정 없이 홀로 지식을 접하고 배울 때, 특정 담론에 대한 편향이 강화되든지, 당장 변화를 불러올 수 있는 실용적인 페미니즘 지식에만 집중하거나 생물학적 여성의 경험에만 주목하면서 페미니즘 이론과 지식의 필요성을 부인하는 등의 경향이 나타나기 쉽다. 페미니즘은 단순히 글과 말로 전달되는 지식이 아니라 '성찰적' 지식이자 실천이기에 페미니즘 지식을 함께 배우고 논의하며 실천할 관계가 필요하고, 이를 위한 물리적 공간과 시간 또한 필수적이다. 하지만 온라인이 페미니즘이 소통되는 주된 매개이자 정치적 논쟁의 전선으로 자리잡으면서, 물리적 공간은 점차 힘을 잃고 있다.

얼굴을 맞대고 장기적으로 만날 수 있는 공간이라는 물리적 조건을 갖춘 대학으로 눈을 돌려 가능성을 찾는 것은 이 때문이다. 온라인 공간과 달리 강의실과 자치활동을 통해 맺어진 대면적 관계에서는 나와 다른 의견을 가진 이의 말도 들어야 하며, 의견이 다르다는 이유로 도를 넘어 공격해서도 안 된다. 내 말과 행동에 책임이 따르지만, 동시에 상대가 내 의견을 진지하게 들어줄 것이라 기대할 수도 있다. 이러한 관계가 계속되고 신뢰가 만들어지면 선명한 입장뿐만 아니라 혼란과 고민을 토로하는 논쟁, 상대를 이기기 위해서가 아니라 함께 변화하기 위한 논쟁이 가능해지지 않을까.

앞서 언급했듯 나는 대학생 때 반反성매매 캠페인과 '성매매 방지법' 제정을 위한 서명운동에 참여했다. 당시 군산 성매매 집결지에서도 반反성매매 캠페인을 진행했었는데, 그런 나와 동료들을 유흥업소 종사자로 보이는 여성들이 말없이 바라보다 자리를 떠난 일이 있었다. 지지도 관심도 표하지 않는 그들을 보며 나는 처음으로 성판매 여성을 착취에서 보호하고 그들의 인권을 보장하자는 목소리가 정작 당사자들에게 어떻게 들릴지 고민하게 되었다. 또한 성매매 근절과 성 산업 축소가 단속과 처벌로 간단히 성취될 수 없는 목표라는 것, 그같은 목표가 성판매 여성의 인권 보호와 직결되지 않을지도 모른다는 것 역시 고민하게 되었다. 이러한 복잡한 생각과 마음을 가까운 동료들과 나눴고, 혼란과 의문을 함께 고민해준 이들과 함께 성매매 정책의 방향과 성판매 여성에 대한 대우가 페미니스트 간에 첨예한 논쟁이 이루어지는 주제임을 이해할 수 있었다. 성판매 여성의 경험, 내 삶에서의 성매매라는 문제, 한국 성 산업의 역사와 특성으로 관심이 넓어진 것도 그같은 관계 속에서였다. 대학이 페미니즘 지식의 전수와 페미니스트 실천이 지속될 수 있는 물리적 공간으로 기능한다면, 곧바로 페미니즘을 향한 관심과 정치적 실천이 늘어나도록 하지는 못하더라도 페미니즘의 필요성을 부정하고 페미니스트를 공격하는 경향은 막을 수 있지 않을까.

대학은 그 구성원들이 경쟁에 치중하기보다 탐색의 기회와 여유를 갖는 공간으로, 시간적 여유와 망설임이 용인되는 공간으로 기능할 수도 있다. 내가 대학에서 페미니즘 이론과 실천을 접할 수 있었던 것은 비판적 지식의 필요성에 공감하는 분위기가 전반적으로 존재했기 때문이었다. 사회변동의 양상을 비판적으로 인식하고 해석하고자 하는 페미니즘을 비롯한 비판적 지식은 타인의 삶에 관한 관심으로 이어지고, 개인의 삶과 사회구조 간의 관계를 연결하는 시도로 확장될 수 있다.

　　여러해에 걸친 강의 경험에 비추어볼 때 『82년생 김지영』과 같이 자기의 삶과 경험을 페미니즘의 언어로 설명하려는 시도가 학생들에게 페미니즘에 대한 흥미와 관심을 불러일으킨다면, 자신과 다른 세대, 다른 삶을 사는 이의 목소리를 듣는 경험은 듣는 이로 하여금 비판적 지식의 관점과 윤리에 대해 고민하게 만든다. 타인의 삶을 이해하고 해석하기 위해서는 망설이고 고민하고 판단을 유보하는 시간이 필요한데, 이 시간은 내가 어떤 위치에서 질문하고 말하는지 생각하는 계기가 되기 때문이다. 최근 강의와 발표, 토론에서 학생들의 활발한 논의가 이어진 주제 중 하나는 배달노동자와 이주노동자가 처한 현실에 관한 것이었다. 온라인에서 이들을 조롱하거나 모욕하는 표현이 쉽게 발견되는 만큼 이들을 향한 학생들의 편견 역시 컸지만, 글과 영상을 통해 직접 자신의 노동 현실을 말하는 배달노동자와 이주노동자의 목소리를 접하면서 학생들은 이들에게 새로운 관심과 질문을 갖게 되었다. 이는 내가 아르바이트하는 업장에서 만나는 배달노동자를 어떻게 대할 것인가, 이주노동자 없이 지금의 내 삶을 유지하는 것이 가능한가라는 질문에서부터 이들이 안전하고 인간답게 노동하기 위해 무엇이 필요한가에 이르기까지 다양했는데, 어떻게 이들의 눈으로 세상을 바라보고 이들과 윤리적 관계를 맺을 수 있을 것인가를 고민한 흔적들이기도 했다. 이처럼 대학은 페미니스트들이 고립되지 않게 하는 동시에 비판적 지식을 전달하고, 타인의 삶에 귀 기울일 시간적·공간적 여유를 제공하는 공간으로 거듭날 수 있다.

　　다만 이때 페미니즘 교육은 지식의 내용과 교육 방식에 한정해서가 아니라, 페미니즘 실천과 페미니즘 지식의 순환, 그리고 대학 조직과 운영을 매개하는 고리로서 이해되어야 한다. 여러차례 이야기했듯 단편적 지식이나 논쟁에서 승리하기 위한 기술, 통쾌함을 안겨주는 사이다 발언이 아니라 차별을 이해·분석하는 지식으로서의 페미니즘, 비전을 제시할 수 있는 사상으로서의 페미니즘, 현실을 변혁하려는 정치적 실천으로서의 페미니즘은 함께 배우고 경험하는 과정으로만 얻어질 수 있다. 페미니즘 실천과 그 관계를 위한 자치공간이 축소된 오늘날, 우리가 그 역할을 대학과 페미니즘 교육에 부과해야 할 이유다. 페미니즘이라는 가능성과 대안적 지식을 탐색하고 실천할 수 있는 장으로서의 대학, 페미니즘 지식을 전수하는 고등교육기관이자 페미니스트들이 연대할 수 있는 장으로서의 대학이 필요하다. 대학이라는 공간에서 페미니즘이 지식이자 사회적 연대로 경험될 때, 페미니즘도 활기와 생명력을 되찾을 것이다. 대학은 학생들이 머뭇거림과 망설임, 고민과 미결정을 위한 시간을 가지면서 여러 페미니즘 이론을 접할 수 있는 공간으로, 그리고 자신의 경험을 상대화시킬 기회로 기능해야 한다. 대학이 페미니즘 지식의 공급을 독점할 필요는 없지만 현실과 지식이 만나고 환류하는 지점으로, 페미니스트들이 만나고 네트워킹하는 공간으로 기능할 때 더욱 풍부한 지식의 생산과 실천에 기여할 수 있을 것이다.

경험은 그것이 놓인 위치를 드러내는 이론과 함께 다루어질 때 의미가 있다.[18] "페미니즘이 네 주장의 설득력을 보증해주는 것이 아니라, 너의 지식이 너의 페미니즘에 설득력을 가져다주는 것"[19]이라는 말처럼, 페미니즘은 사회 전반에 관한 관심과 사회를 해석할 수 있는 관점이자 미래를 새롭게 구상할 수 있는 능력이며, 이는 모두 함께 만들어나가는 것이다. 이를 위해 능력주의와 성과주의에 매몰된 교육체제의 변화가, 대학 구조의 개혁이 필요하다. 그렇기에 대학을 화두에 올리고, 대학과 페미니즘의 공존을 넘어 페미니즘을 통한 대학의 변혁을 말하고자 한다. 페미니즘은 대학의 변화를 이끄는 핵심적 사상이자 대학의 변화를 통해 그 가능성이 열리는 지식이라고 믿는다.

18   벨 훅스 『당신의 자리는 어디입니까』, 이경아 옮김, 문학동네 2023.

19   탁선미 · 나영정 · 정희진 · 신광영 · 오정진 · 김은희 · 이현재 · 노성숙 · 조한진희(반다) · 이미옥 · 이유진 『삶을 바꾼 페미니즘 강의실: 장춘익 교수의 여성주의 교육실천 20년을 만나다』, 장춘익교육실천연구회 엮음, 곰출판 2022, 20면. 한림대학교 철학과에서 20여년간 '여성주의철학'을 강의한 고(故) 장춘익 교수가 2003년 개인 홈페이지에 게시한 에세이 「어쨌건 페미니스트인 Y에게」에 담긴 문장이다. 이 문장은 페미니즘이 세계의 이해를 위해 인용될 수 있는 지식체계일 뿐만 아니라, 많은 이의 실천과 기여로 형성되는 지식이기도 함을 보여준다.

참고문헌

국승민·김다은·김은지·정한울, 2022, 『20대 여자』, 시사IN북.

권김현영·손희정·박은하·이민경, 2017, 『대한민국 넷페미史』, 나무연필.

김소희, 1999, 「월경축제 연 '유혈낭자' 3인방 오진영·김수희·정혜선: 여성을 알아야 인간이 보인다」, 『월간 말』 1999년 10월호.

달과 입술, 2000, 『나는 페미니스트이다』, 동녘.

벨 훅스, 2023, 『당신의 자리는 어디입니까』, 이경아 옮김, 문학동네.

사라 아메드, 2023, 『감정의 문화정치』, 시우 옮김, 오월의봄.

손희정, 2017, 『페미니즘 리부트: 혐오의 시대를 뚫고 나온 목소리들』, 나무연필.

엄혜진·신그리나·김서화·김수자·최기자·윤보라·이진희·임국희, 2021, 『페미니즘 교육은 가능한가: 차이를 탐색하고 공존을 모색하는 성평등교육을 위하여』, 젠더교육연구소 이제IGE 엮음, 교육공동체 벗.

연세대학교 총학생회, 1995, 『성정치 문화제 자료집』.

운동사회 내 성폭력 뿌리뽑기 100인 위원회, 2001, 「쥐는 언제나 고양이를 물어서는 안 된다?」, 『경제와사회』 49호.

전희경, 2008, 『오빠는 필요없다: 진보의 가부장제에 도전한 여자들 이야기』, 이매진.

정연보, 2015, 「'영페미니스트'와 '여성'의 재구성: 웹진 〈달나라딸세포〉를 통해 본 정체성, 차이, 재현에 대한 고민들」, 『한국여성학』 31권 3호.

탁선미·나영정·정희진·신광영·오정진·김은희·이현재·노성숙·조한진희(반다)·이미옥·이유진, 2022, 『삶을 바꾼 페미니즘 강의실: 장춘익 교수의 여성주의 교육실천 20년을 만나다』, 장춘익교육실천연구회 엮음, 곰출판.

황정미, 2001, 「성폭력의 정치에서 젠더 정치로: 운동사회 내 성폭력과 100인 위원회 활동에 대한 논란을 보고」, 『경제와사회』 29호.

홀로 싸우는 페미니스트들과 사라지는 지식

송지수

1. 들어가며

소멸할지언정 개방하지 않는다.

동덕여대의 공학 전환을 결사반대한다. 소멸할지언정 개방하지 말라. 학문의 장 대학에서 정의와 가치를 잊겠다면, 평등과 민주의 장애가 되겠다면, 차라리 소멸하라. 시대에 맞서지 못하는 스승은 필요 없다. 세상을 밝힐 학문이 있다고 믿었다. 그 믿음이 대학大學에서 스러질 줄 꿈에도 몰랐다. 나의 꿈 더럽히지 말고 꺼져라. 나는 인문학도다. 이젠 이 학교에 배울 것이 없다. 분노와 단념이 마지막 배움이 되기 전, **소멸할지언정 개방 말라.**

앞의 글은 동덕여대 사태를 겪으며 내가 가장 많이 들여다본 대자보이다. 이 짧은 글을 계속해서 읽고 또 읽었다. 이 글을 쓴 24학번 여대생은 '분노'와 '단념' 사이에서 길 잃은 마음을 어찌하지 못했을 것이다. 화내고 소리치고 울다가 집에 돌아올 때쯤이면 지쳐 쓰러지는 나날을 보내고 있을지도 모르겠다. '세상을 밝힐 학문'을 대학에서 찾을 수 있으리라 기대했건만, 1년도 지나지 않아 그 기대가 실망으로, 분노로, 슬픔을 넘어 체념으로 변하는 과정을 겪었을 것이다. 학교의 '정상적 운영'을 위해 자신의 글이 '규정 위반'으로 떼어지고 청소당하는 상황을 지켜보아야만 했을 심정이, 자신이 '평등'과 '민주'적 가치를 배우는 학생이 아니라 학비를 내는 소비자에 불과했음을 깨닫게 되는 그 전락의 순간이 나에게는 너무나도 익숙한 것이었다.

　대학에서의 첫날을 기억한다. 2015년 2월, 새내기배움터에서 나를 포함한 여학생들은 무엇인가를 기다리며 한 방에 모여 있었다. 어디서 왔는지, 이름은 무엇인지 통성명을 마친 뒤에는 어떤 기대를 가지고 대학에 입학했는지, 앞으로 무엇을 배우거나 경험하고 싶은지 등의 대화를 나누었던 것 같다. 나는 앞으로 일어날 일들이 반쯤은 설레고 반쯤은 막막하게 느껴졌다. 그 묘한 감정을 나누며 반짝이던 친구들의 눈을 기억한다. 그때였을까, 한 남자 선배가 문을 열고 들어와 '아, 이 방은 꽃밭이네!'라고 소리치며 오가던 대화의 흐름을 깼던 것은. 그때 느꼈던 당혹감을 넘어선 모멸감이 아직도 생생하다. 그 공간에서 나는 그 남자 선배와 동등한 학생이기보다는 여자로 호명되었다. 이후 그 공간에서 큰 목소리로 내 생각을 말한다거나 야한 농담을 하는 것이 조금 조심스러워졌다. 그런 모습은 어쩐지 '꽃'이나 '여자'와는 어울리지 않는 것 같았기 때문이다. 그 수치심, 나의 일부를 숨기고 싶은 부끄러움과 함께 대학 생활이 시작되었던 것 같다. 나는 대학을 다니며 수치스럽고 답답하기도 한 그 심정을 설명할 언어를 찾고 싶었다. 이 분열적인 상태를 설명할 수 있는, 이 상황을 글로 쓰고 말할 수 있는 지식들을 구하고 싶었다.

　운이 좋게도 나는 함께 성차별적인 경험에 대해 이야기를 나누고 대자보를 쓰고 학회를 조직할 친구들을 만날 수 있었다. 우리는 동아리에서, 학회에서 함께 우리가 겪었던 것들을 설명하는 지식들을 찾아다녔다. 그렇게 페미니즘을 만났다. 페미니즘으로 얻게 된 언어로 성차별적인 언행과 글에 반박하고 말꼬리를 잡고 늘어지기도 하며 그 시기를 통과했다. 그때가 페미니즘 리부트의 신호탄이 된 강남역 살인사건 이후이자 모두가 거리낌 없이 얼굴을 마주볼 수 있었던 팬데믹 이전이었기에 더욱 운이 좋았다. 그 공간적·시간적 배경 덕택에 어느정도 익명성이 보장되는 안전한 공론장에서 개인이 아닌 집단으로서 발화할 수 있었으며 대학본부에 의해 대자보를 검열당하지도 않았다. 당시 페미니즘을 배운

나의 경험을 하나의 경로로 요약해보면 이러하다. 성차별적 경험 → 경험을 설명할 지식 찾기 → 지식으로 성차별적 경험을 재해석·재서술하기.

그러나 이 경로는 결코 깔끔하게 정리되는 단일한 노선이 아니고, 그러하기에 혼자 걸어갈 수도 없는 길이다. 배움은 원래 하나의 답이나 경로로 딱 떨어지지 않는 지저분한 측면이 있다. 특히 페미니즘은 지식과 실천이 긴밀히 결부되어 있고 현실세계에 그 어떤 학문보다 발붙이고 있기에 더욱더 그러하다. 지식과 경험을 끊임없이 오가는 귀추적 사고의 과정은 페미니즘에서 언제나 공동으로 이루어진다. 이는 공동으로 생산된 지식과 경험이 더 나은 지식으로 이어진다는 믿음 때문이다. 샌드라 하딩Sandra Harding은 이러한 페미니즘 알기knowing는 언제나 타인을 경유해서 이루어진다는 점을 지적한다. 더 나은 지식, 하딩의 표현으로는 '강한 객관성'을 가진 지식은 다양한 여성의 경험을 경유할 때 더 정확해진다. 성차별적으로 기울어진 세계를 이해할 수 있는 이들은 차별받았던 이들이다. 차별로 인해 그 구조를 곰곰이 생각해볼 수밖에 없던 이들이다. 이러한 이해는 '생물학적'으로 자연히 얻어지는 것이 아니다. 끊임없이 경험과 지식 사이를 오가며 자신의 위치에 대해 질문하고 세계의 불평등에 목소리를 내는 경험을 통해 습득되는 것이다. 그리하여 페미니즘 지식을 습득하고 배운다는 것은 자신의 경험과 인식의 한계를 알고 타인의 부분적 지식과 상황적 맥락을 본인의 경험과 연결짓는 시도를 의미한다.

우리 또한 그렇게 공동으로 지식을 만들고 그 지식으로 삶을 해석했다. 그 과정에서 우리는 종종 싸웠다. 어떤 지식이 나의 경험을 더 잘 설명할 수 있는지 가늠하며 혼란에 빠지기도 했고, 특정 지식의 틀에 맞지 않는 나의 경험이나 욕망을 '틀린' 것처럼 느끼기도 했다. 당신의 의견이 얼마나 정치적으로 올바르지 못한지 서로 지적하며 의가 상하기도 했다. 싸우고 화해하고 또 싸우고, 서로에게 지치고, 너덜너덜해지기를 수도 없이 반복했다. 불안하고 답답한 날들이었다. 그런 우리를 지탱했던 것은 그렇게 너덜너덜하고 엉망이고 답답해도 괜찮다는 감각이었다. 싸우고 나서도 상대방이 대화의 장을 떠나지 않을 것이라는, 나 또한 공동체에서 내쳐지지 않을 것이라는 믿음이 우리에게는 있었다. 돌이켜보면 수많은 싸움과 화해, 그렇게 다져지는 서로에 대한 믿음까지가 모두 배움의 과정이었던 것 같다. 이 과정을 든든히 뒷받침했던 것은 대학이라는 공간이었다. 우리의 의견을 검열당하지 않고, 개인 대 개인으로 얼굴을 보며 자유롭게 경험을 공유할 수 있었던 대학 안에서 우리는 서로를 복잡한 경험과 내면을 가진 한 인간으로 직접 마주했고 나의 말이 오해당하거나 왜곡되더라도 바로잡을 수 있을 거라는 믿음이 있었기에 겁 없이 내 생각을 드러내고 시험하고 타인과 부딪칠 수 있었다.

이 글은 그러한 너저분한 앎의 공간에 더이상 있지 못하게 될 곤경에 놓인 24학번 여자 대학생이 쓴 대자보에 대한 답장이기도 하다. 대학을 다니고 있으나 '학문'을 배우지 못하고 '소비자'가 된 여성들에 대한 이야기, 그러나 앎을 향한 열망으로 자신의 삶을 설명하기 위한 지식을 찾으려고 고군분투하는 여성들의 이야기를 통해 개인의 경험과 지식이 상호 재구성되지 못하고 단절될 때 야기되는 문제들, 그리고 그 한계를 넘어서기 위해 앎의 공간이 필요하다는 것을 말하고자 하기 때문이다. 디지털 정보가 곧 지식으로 여겨지는 오늘날의 현실에서는 더욱 필요한 이야기가 아닐까.

2. 경험에서 지식으로의 연결 단절

홀로 자신의 현실을 이해하고자 고군분투할 때의 가장 큰 위험은 경험과 지식이 단절되기 쉽다는 것이다. 성차별적 경험 이후 자신의 상황을 설명할 지식을 찾거나 생산하는 과정에서 겪는 좌절은 '경험에서 지식으로의 연결 단절'이라 할 수 있다. 강남역 살인사건 이후 페미니즘에 입문한 여성들은 디지털 공간에서 관련 정보를 찾아보는 경우가 많다. 디지털 공간의 페미니즘 지식들은 여성들에게 현실의 성차별에 빠르게 대응할 논리를 제공한다. 또한 그곳은 그 밖의 공간과는 달리 페미니즘을 발화할 때의 위험부담을 줄여주기도 한다. 백래시가 대학을 강타하며, 현실에서 페미니스트라고 말하거나 공개적으로 페미니즘 의제에 대해 논의하는 것이 많은 여성들에게 위협적으로 느껴지기도 하기 때문이다. 이처럼 지식의 빠른 구축과 비교적 안전한 발화를 보장하는 디지털 공간은 페미니즘 입문의 주요한 공간이 되어가고 있었다. 그러나 디지털 공간에서 자신의 상황에 관해 다양한 관점을 제공하는 지식을 찾기는 쉽지 않다. 디지털 공간에서 페미니즘을 실천하는 일은 페미니즘 '논쟁'에 참여하겠다는 의미이며, 논쟁에 참여한다는 것은 곧 '참전'한다는 것, 상대편의 의견에 빠르게 대응하고 반박하고 공격하는 것을 의미하기 때문이다. 이런 상황에서는 비교적 명확한 답을 가져야 싸우기가 용이하다. 그래서 단순한 논리를 전개하는 하나의 입장을 고수하거나 그 입장에 모두 부합하는 완벽한 페미니스트가 있다고 믿게 되기도 쉽다. 하지만 페미니즘을 특정한 노선이나 실천에 국한하고자 하는 이러한 시도는 결국 피로와 소모, 페미니즘의 포기로 이어지기도 한다.

(1) '중립충' '비겁한 페미'가 되기 싫어 택하게 되는 단일한 노선

내가 연구 수행 과정에서 만난, 주로 디지털 공간에서 페미니즘을 접하고 배우는 여성들은 '스탠스'(입장) '라인'(노선) 등을 자주 언급했다. 그리고 이들은 그 입장의 단순명료한 주장에 따르는 방식으로 페미니즘을 실천하고 있었다. 디지털 공간에서 뚜렷한 입장이 없을 시 '중립충'이나 '비겁한' 계정으로 취급받는 것을, 또한 그러한 계정들은 사이버불링을 당할 가능성이 높다는 것을 알고 있었기 때문이다. 이와 같은 위협을 피하기 위해 어떤 입장에서 목소리를 낼 것인지를 미리 정하는 것은 디지털 공간에서 페미니즘을 실천하고자 하는 여성들에게 하나의 필수적 과정이 되어가고 있었다.

효진은 인터뷰가 진행되는 와중에도 어떤 페미니즘이 맞는 것인지, 혹은 페미니즘 관련 책을 읽고자 하는데 어떤 '라인을 타야' 맞는 것인지 질문했다. 효진은 엑스(구 트위터)로 페미니즘을 처음 접한 10대 페미니스트이며, 'TERF'Trans-Exclusionary Radical Feminist(트랜스젠더 배제 페미니즘)[1] 입장을 옹호하는 엑스 계정을 운영하고 있었다. 효진이 디지털 공간에서 만난 페미니스트들은 그녀에게 단일한 입장을 선택하고 그 입장의 규칙을 따르기를 요구했다. 디지털 공간의 이러한 감각들을 배우게 된 것은 그녀가 '시발논쟁'이라고 이름 붙인 사건을 통해서이다.

> 열일곱살쯤 돼가지고, 그때 애들이 한창 하던 게 진짜 이상한 건데, '시발'이라는 욕 있잖아요, 그게 '여성 성기를 비하하는 욕이다' 이런 지라시가 돌았어요. 그래서 막 누가 '시발' 이러면 '시발 쓰지 마세요' 그러거든요. 근데 솔직히 저는 그게 너무 싫었어요. (…) 이런 운동을 전개하는 게 말이 안 된다고 생각해서. 그 얘기를 한번 제시를 했다가, 진짜 수천명의 사람들한테 욕을 먹었어요. '시발' 쓰지 말라고.(웃음) 여성의 노력을 폄하하지 말라는 거예요. 와, 그래가지고 진짜 대대적인 욕을 먹고. 그러면 나는 트위터 안 해, 그래서 트위터 안 했어요.

효진은 엑스에서 주류적인 의견이었던, '시발'을 쓰지 말라는 규범을 무시하고 자신의 생각을 공개적으로 표현했다가 '여성의 의견을 존중하지 않는 사람은 페미니스트가 아니다'라는 요지의 사이버불링을 당했다. 이후 효진은 다시 그런 일을 당하지 않기 위해 어떤 생각이 '라인에 맞는' 것인지 찾아보고 '라인에 맞는' 책도 읽었다. 책을 읽으면서도 그 내용이 디지털 공간에서 제시하는 '답'과 일치하는지 비교했다. 그렇게 조심하지만 혹여나 '잘못된' 책을 읽을까 노심초사

---

[1] '트랜스젠더 배제 페미니즘'(TERF)이라는 어휘는 연구자마다 다르게 정의되며, 각기 다른 의미로 사용되고 있다. 이 글에서는 '트랜스젠더 배제 페미니즘'을 '생물학적 여성'만이 여성운동의 주체가 될 수 있다고 보고, 그 운동의 성과를 '생물학적 여성'들끼리만 나누어야 한다고 주장하는 '입장'으로 정의하고자 한다.

하고 자신이 읽는 책을 엑스에 올렸을 시 또다시 '틀린 답'을 제시하는 것이 될까봐 걱정한다.

현진도 엑스를 통해 페미니즘 활동을 하려면 '스탠스'를 확고히 정해야 한다고 말한다. 현진은 23세의 대학생 페미니스트이며, 마찬가지로 엑스에서 처음 페미니즘을 접했다. 효진과 마찬가지로 그녀 또한 하나의 확고한 입장을 취하지 않는 페미니스트들은 엑스에서 조리돌림당하기 쉽다고 말한다. 조리돌림이란, 엑스 사용자들이 주로 자신과 다른 의견의 게시글에 조롱하는 글을 돌아가며 덧붙이는 것을 의미한다. 그런 행위가 엑스의 문화라고 일컬어질 정도로 일반적이기에 해당 공간에서 글을 쓰고 활동하는 페미니스트들은 늘 자신의 의견이 제3자에게 노출될 것을 염려하며 자기검열을 하기도 한다. 혹여나 '틀린' 의견을 썼을 시 너무나 많은 불특정 다수에게 노출되어 비난받을 수 있기 때문이다. 현진에 의하면 하나의 입장을 확실히 정했을 때 이러한 위험은 확연하게 줄어든다. 엑스의 많은 페미니스트들이 프로필상에 자신의 입장을 명시하고, 그 입장의 규칙을 따르고 있음을 표명하는[2] 이유이다.

화력이라든지 아니면 네트워킹의 측면, 또 뭐랄까…… 정체성을 보여주는 측면에서 스탠스를 정립하는 게 너무 당연하게 느껴지는 그런 분위기가 있었던 것 같아요. 말씀하신 것처럼 '비겁하다' 이런 이야기도 많이 들었고, 들리고. 중립적인 사람에 대해.

평소 페미니즘 이슈를 신중히 시간을 가지고 고민해보고, 관련하여 다

[2] 엑스 바이오(자기소개글)의 예시는 다음과 같다. '96 랟펨 | 생물학적 여성 | 6B4T지향'
자신이 지향하는 페미니즘('랟펨'은 래디컬 페미니즘을 의미한다), ('생물학적') 성별, 실천하고 있는 페미니즘 활동(6B4T는 비혼, 비연애, 비출산, 비섹스, 비소비, 비혼끼리 돕기, 탈코르셋, 탈종교, 탈오타쿠, 탈아이돌의 줄임말)을 명시한 것이다. 이 자기소개글은 자신과 같은 입장의 엑스 계정들과 네트워킹하는 용도로 주로 이용된다.

양한 의견을 최대한 접하려고 노력하는 현진에게 엑스의 '스탠스' 정하기는 부담스러운 일이었다. 그래서 한동안 특정한 스탠스를 취하지 않고 의견을 말하는 것도 시도해보았다. 그런 현진에게 돌아온 평가는 '비겁한' 페미니스트, 그리고 '중립충'이었다. 소셜미디어의 즉시성은 페미니즘 운동을 하는 이들에게 당시 문제가 되는 상황에 대한 빠른 대응이 가능하도록 해주지만, 페미니즘 활동에 신속한 대응이 이루어져야 한다는 감각을 만들어내기도 한다(Chamberlain, 2017). 이러한 감각은 엑스에서 활동하는 페미니스트들에게도 디지털 공간에서 빠르게 전개되는 이슈에 신속하게 대응하고 '화력'을 모으기 위해서는 재빠르게 '스탠스'를 정해야 한다는 식으로 공유되어왔다. 빠른 네트워킹을 위해서는 빠른 의견 표명과 공유가 필요하기에 명확한 입장을 취하지 않는 것은 시간을 끄는 부정적인 일로 여겨진다. 그래서 엑스의 일부 페미니스트들은 특정 입장에서 발화하지 않는 여성들을 화력을 모으는 데 일조하지 않고 적극적으로 페미니즘 운동을 할 의지가 없는 '중립충'이라고 비난한다.

(2) '완벽한 페미니스트' 규준과 페미니즘 알기에 대한 피로

이렇듯 디지털 공간에서 페미니즘을 발화할 때는 입장을 선점하는 것이 유리하기 때문에 디지털 공간의 페미니스트들은 종종 하나의 입장을 선택한다. 그러나 어떤 경험은 단일한 입장으로 환원되지 않고, 그로 인해 혼란이 일어난다. 여성들은 디지털상에서나 표면적으로는 자신이 선택한 입장을 확고히 지키는 것처럼 보인다. 그러나 디지털 밖 공간에서 실제로 만나본 여성들은 그 입장이 요구하는 페미니즘 실천을 온전히 행하지 못하고 있는 것에 죄책감을 느끼고 있었다. 예를 들어, TERF 입장을 지지하는 여성이라면 탈코르셋,[3] 4B[4] 등을 실천해야 하는 것처럼 여겨지기 때문에, 그에 부합하지 않는 내심의 솔직한 욕망과 경험들은 어디에서도 말해질 수 없었다. 필자가 만난 인터뷰이들 또한 '사실은'

'솔직히 말하자면'이라고 덧붙이며 자신의 경험과 지식 사이에 간극이 있음을 토로하기도 했다.

　　민현은 주로 여성 온라인 커뮤니티에서 페미니즘에 관한 정보를 얻고 있는 20대 후반의 여성이다. 민현은 디지털 공간에서 접한 TERF 입장으로 일견 자신의 성차별적 경험을 설명할 수 있다고 생각했지만, 자신의 욕망을 온전히 설명하는 데까지는 나아가지 못하고 있었다. 민현이 최근 자신이 지지하는 입장과 가장 큰 간극을 느꼈던 부분은 커뮤니티 내에 만연한 4B 담론이다. 요즘 커뮤니티에서 가장 논쟁적인 이슈는 탈연애, 탈결혼, 탈'덕질'이다. TERF 입장의 커뮤니티 이용자들은 이성애 연애 관계에서 여성은 언제나 약자이고 폭력의 피해자가 될 가능성이 높다고 이야기한다. 그렇기에 연애나 결혼은 여성에게 해로운 것으로, 되도록 하지 말아야 하는 것으로 상정된다. 민현은 고등학교 때의 첫 연애를 시작으로, 20대 후반이 된 지금까지 연애를 한번도 쉬지 않았다. 이성애 연애 관계에서 얻을 수 있는 안정감과 즐거움이 좋았으며, 그 관계를 통해 경제적·정서적 안정을 얻고자 하는 욕망 또한 크다. 그리고 연애 관계에서 특별히 성차별적 경험을 한 적도 없고 관계가 불평등하다고 느끼지도 않았기에 탈연애와 관련한 커뮤니티의 이야기가 크게 와닿지는 않았다. 온라인 커뮤니티에서 제시되는 페미니스트 규준들은 민현의 경험과 충돌하며, 그녀가 자신이 지지하는 바와 모순된 욕망을 가지고 있다고 느끼는 계기가 되었다.

　　또 민현은 커뮤니티 이용자들이 남자 아이돌을 '덕질'하는 여성들을 비판적으로 보는 점 또한 이해하기 어렵다고 말했다. 민현은 초등학생 때부터 여러

3　　탈코르셋 운동이란 여성에게 요구되는 외모에 대한 압력을 거부하는 운동을 의미한다. 숏커트, 화장하지 않기, 치마 입지 않기 등과 같은 실천이 이에 해당한다(김애라, 2019). 최근에는 외모 꾸밈과 관련한 '코르셋'뿐 아니라 친절한 말투, 배려하는 태도 등을 '쿠션어'라 지칭하며 이 또한 거부해야 할 대상으로 상정하기도 한다.

4　　비혼, 비출산, 비연애, 비섹스를 의미한다. '래디컬 페미니스트'들의 페미니즘 실천 방식 중 하나로 제시된다.

남자 아이돌을 좋아해왔기에 덕질 문화에 익숙하고, 또 거기서 오는 기쁨 또한 잘 알고 있다. 그러나 요즘은 이런 취미생활이 죄책감으로 다가오기도 한다. 지금 좋아하고 있는 남자 아이돌이 '여혐 논란'을 일으킨 적이 있기에 더욱 그러하다. 그러나 민현은 여전히 남자 아이돌을 좋아할 수밖에 없다고 생각하며 자신의 욕망을 솔직하게 시인했다. TERF 입장에서 주장하는 '올바른 페미니즘'과 자신의 삶 사이의 간극을 끊임없이 감각할 수밖에 없는 이유이다. 민현은 '남자를 포기해야 여성이 평등해진다'는 의견에는 어느정도 동의하지만, 이성애 관계나 덕질에서 오는 행복감, 그에 대한 욕망은 부정하고 싶지 않기에 결국 '나는 나 좋을 대로 하고 있구나'라고 생각하고 있다.

> 나는 이런 문제에 관심이 분명 많은데, (…) 내가 연애를 해도 되나? 이 사람이 좋기는 한데 이게 맞는 건가? (…) 이번에 제가 좋아하는 남돌 중에 한명이 그런 논란('여혐' 발언을 했던 남자 아이돌의 논란 — 인용자)이 좀 있는 애였는데 그냥 얘가 멍청하다고 생각하고 마니까. [문: 근데 이제 그런 글들이 올라올 때……] 찔리죠.(웃음) 나 좋을 대로 하고 있구나, 나는.(웃음)

민현이 처음부터 이렇게 페미니즘에 피로를 느꼈던 것은 아니다. 여성혐오 범죄 관련 법률 제정 청원 등에 하나하나 참여하거나, 지금 사회적으로 이슈가 되고 있는 여성 관련 쟁점들을 좇으며 자신의 생각을 정리해보려 시도하던 시기가 있었다. 다만 지금은 잠시 그러한 활동 자체를 유예하고 있다. 현재 민현은 페미니즘과 관련한 이야기를 자신과 입장을 함께하는 이들에게만 제한적으로 한다. 이전에 SNS(소셜네트워크서비스)를 통해 공개적으로 의견을 피력했던 것과 달리, 자신과 입장이 다를 것 같은 친구들한테는 굳이 '싸움'을 걸지 않는 편이다. 민현은 트랜스젠더 여성에 대해서도 '지지하지는 않지만' '잘 모르는' 상태이다. 그러나 민현은 이러한 혼란이나 의문을 해소하기 위한 지식을 적극적으로 추구하고 있지는 않다. 여성 이슈 전반에 관심을 멈춘 상태이다. 활동 중인 여성 커뮤니티의 페미니즘 게시판을 일부러 들어가지 않기도 하고, 관련 이슈를 찾아보는 것도 중단했다. 자신과는 다른 조건에 있는 여성들을 사유하는 일에 '지쳤고', 민현은 잠시 이런 고민을 '쉬고' 싶다.

효진은 여성이 사회적으로 용인되는 미의 기준에 맞추어 자신을 꾸미고 예쁘게 단장하는 것은 피로한 일이라고 말했다. 더 나아가, 화장을 하고 짧은 치마를 입고 구두를 신는 등의 일련의 '꾸밈노동'은 취약하고 연약한 여성성을 드러내는 행위이며, 남성의 여성혐오 범죄, 성범죄의 표적이 될 수 있는 행위라고 생각하기도 한다. 효진은 페미니즘 실천의 필수적 요소로 탈코르셋을 꼽는다. 여성이 화장을 하지 않고 머리를 짧게 자르고 '남자'처럼 다닌다면 성범죄로부터 자유로울 수 있다고 여긴다. 그리고 모든 여성이 탈코르셋을 실천해야 꾸밈과 여성이 무관한 사회에 도달할 수 있으며, 그렇게 해서 성평등이 달성될 수 있다고 말한다. 같은 맥락에서 그녀에게 트랜스젠더 여성은 다소 불편한 존재이다. 미디어에서 본 트랜스젠더 여성은 과도하게 여성적인 특질을 드러냄으로써, 즉 과도하게 화장하고 꾸미고 몸이 드러나는 옷을 입음으로써 여성적인 옷차림, 화장, 과도한 꾸밈을 당연히 여성이 해야 하는 것처럼 보이게 한다고 생각하기 때문이다.

그러나 효진은 지금까지 해온 화장과 꾸밈을 포기할 수 없다. 화장을 하며 기쁨을 느끼는 자신의 모습에 '인지부조화'를 겪기도 한다. 효진의 학창 시절, 화장을 잘한다는 것은 또래집단에서 인정받을 수 있는 수단이었다. 효진은 '예쁜 애'들만의 '리그'에 속하고 싶은 마음에 화장을 시작했다고 말한다. 화장을 시작하자 친구들의 대우가 달라지는 것을 느꼈고, 더 예뻐지고 싶어 쌍꺼풀 수술도 하고 여러 화장법을 배우며 또래집단 내에서 인정받고자 노력했다. 효진은 '못생기고 더러우면' 따돌림을 당하는 또래집단의 문화를 이야기하며, 화장은 친구들을 사귀기 위한 필수 과정이었다고 말한다. 하지만 지금은 그러한 또래집단 내에 있지 않음에도 효진은 화장과 꾸밈을 지속하고 있고, 그런 행위에서 오는 즐거움을 시인한다. 타인의 인정을 받고 싶은 마음과 별개로 그저 예쁘게 보이고 싶기도 한데, 그러한 욕구로 인해 꾸밈을 '놓지' 못하는 자신의 모습에 '인지부조화'를 겪는다고 효진은 말한다.

솔직히 페미니즘의 어떤 최고 지향점, 거기에는 결국에는 완전한 탈코르셋이 저는 맞다고 생각하거든요. 그래서 저도 완전 화장을 하면서도 너무 좋아하는데도, 그러면서도 인지부조화가 오고. 그냥 그 단계인데 그렇게 하니까. 나는 예쁘게 보이고 싶은데. (…) 솔직히 뭐가 맞는지도 헷갈려요. 꾸미는 게 너무 좋거든요.

한편 효진이 갖고 있는 솔직한 생각들은 엑스에서 말해질 수 없는 것이다. 자신이 속한 입장에 반대되는 의견을 말했다가 조리돌림을 당한 적이 있기에 효진은 화장을 한다는 사실을 절대 엑스에 알리지 않는다. 엑스에서는 탈코르셋을 실천하는 입장에 지지 의사를 표명하지만 여전히 화장과 꾸미는 것을 좋아하는 자신의 모습을 스스로도 이해하기 어렵다.

탈코르셋이라고 흔히 하잖아요. 근데 그런 걸 할 마음가짐도 전혀 없는데 '화장했다' 이런 식으로 누가 올리면 다들 막 욕을 해요,(웃음) '화장을 왜 하느냐' 이러면서.(웃음) [문: 그 당시에는?] 네. 그래가지고 '니 빡세다' 이러면서('빡세게' 엑스에서 제시되는 페미니즘 규칙을 따른다는 의미로 해석됨 — 인용자), 솔직히 화장 다 하면서 절대로 화장했다는 얘기 안 하고 숨기고.

엑스에 자신이 화장한다는 사실을 알리지 못하는 효진이나 온라인 커뮤니티에 덕질과 연애와 관련한 고민들을 말할 수 없는 민현의 예에서 알 수 있듯이, 단일한 입장을 고수해야 하고 그 의사를 표명해야만 하는 상황은 여성들로 하여금 자신이 취하는 입장에 부합하지 않는 경험들을 발화할 수 없게 만든다. 여성들은 자신 안의 이질적인 욕망과 경험들을 안전하고 솔직하게 이야기하고 그에 대해 함께 고민할 공간과 관계가 없기에 이러한 모순과 혼란도 개인적으로 해소해야 할 영역으로 남아 있게 되며, 이는 페미니즘 알기에 대한 '피로'와 '답답함'으로 이어지기도 한다.

3. 지식에서 경험으로의 연결 단절

다양한 여성들의 경험이 더 강한 객관성을 가진 지식의 구축으로 나아가지 못하는 한편으로, 페미니즘 지식을 통해 성차별적 경험을 재해석하는 과정이 지연되기도 한다. 재해석은 그 자체로 정치적인 작업이자, 공동의 작업이다. 하지만 애석하게도 그 과정을 함께할 수 있는 이들을 찾지 못한 여성들에게 재해석은 혼자 해내야 하는 과업이 된다. 그들에게 페미니즘은 의논과 협상의 과정이기보다는 다툼과 노선 경쟁의 전쟁터에 가까웠다. 이러한 상황 속에서 페미니즘을 배운다는 것은 공동체적 지식 습득의 경험보다는 불안과 고립의 경험이 되어가고 있었다.

(1) 페미니즘 지식의 쓸모

함께 싸우는 것과 달리, 혼자 싸우는 것은 외롭고도 불안한 일이다. 싸움에서 밀려났을 때 그 피해가 크게 되돌아오기 때문이다. 이 불안으로 인해, 여성들은 피해를 최소화하기 위한 전략으로 간명한 논리를 찾게 되기도 한다. 페미니즘을 공격하는 안티페미니스트들과도 싸워야 하고, 입장이 다른 페미니스트들과도 싸워서 자신을 지켜야 하는 "내우외환"(추지현, 2019: 72)의 상황 속에서, 중요한 것은 자신과 논쟁하는 상대를 이길 수 있는 간명한 지식이 되고, 고민과 복잡한 지식은 불필요한 것으로 여겨진다.

지원은 대학에서의 백래시와 페미니스트 낙인에 대항할 언어로서 페미니즘 '논리'를 찾아 나서고 있었다. 인스타그램으로 처음 페미니즘을 접하고 페미니스트로 정체화를 하고 난 이후에는 개인 인스타그램 계정을 통해 페미니즘 관련 게시글을 공유하기도 한다. 그러나 그러한 페미니스트 활동이 쉽지만은 않았는데, 대학교 친구들이 지원의 페미니즘 관련 게시글에 적대적인 반응을 보였기 때문이다. 학교 남학생들은 지원을 '메갈' '페미'라고 부르며 쑥덕거렸고 지원에 대해 안 좋은 소문을 퍼뜨리기도 했다. 페미니스트에 부정적인 대학 환경, 그리고 자신에 대한 적대적인 시선이 이미 만연한 상황에서, 자칫 머뭇거리거나 페미니즘에 확신이 없는 모습을 보였다가는 '논리 없는 메갈'로 낙인찍힐 수 있다는 것을 지원은 인지하고 있다. 그래서 지원에게는 페미니즘을 혐오하는 반응들에 즉각적으로 대응할, 간명하고 일관된 페미니즘 지식이 절실하다.

> 일상에서 그런 발언(페미니즘과 관련된 의견 표출 ― 인용자)을 하면 (친구들이) 앞에서는 그냥 넘어가는데, 뒤에서는 '지원이 메갈이네' 이런 얘기를 하는 것도 듣고. 뭐 페미니즘 생각을 가졌다고 해서 비난받을 건 아니라고 생각을 하는데. 아무래도 남성 커뮤니티에서는 '남자한테 사랑 못 받은 애들이 페미니즘 좋아하는 거다' 그런 말도 안 되는 소리들도 아직도 많이 들리고.

지원은 학과 친구들과 인스타그램에서 여성 이슈를 두고 언쟁도 해보았다. 친구들은 종종 페미니즘 관련 이슈를 SNS에 공유하긴 하지만 대부분 여성혐오적인 '말도 안 되는' 게시물이다. 예를 들어, 그 게시물들에는 '메갈리아나 일베나 모두 똑같다' 'N번방 사건은 젠더갈등에 불과하다'는 주장 등이 담겨 있었다. 지원은 페미니스트로서 이러한 주장에 너무 화가 난다. 비록 이러한 말들에 대응하는 사람이 자기 혼자이더라도, 여성혐오적인 게시물에 반박하는 모습을 보임으로써 친구들의 생각이 조금이나마 바뀌기를 바란다. 이때 이들을 빠르게, 그리고 '논리적으로' 설득하기 위해서는 복잡다단한 현실을 간단명료하게 설명할 수 있는 지식이 필요하다. '메갈'이 '일베'와 무엇이 다른지도 모르는 친구들에게 성차별 구조의 이해를 기대하기란 만무하기 때문이다. 지원은 어려운 학술적 지식으로 그들을 이해시킬 수 있으리라는 기대도, 희망도 없다. 지원에게는 페미니즘에 무지한 학교 친구들에게 자신의 생각을 간편하게 전달할 지식이, 혐오적인 언어에 대해 반박하고 자신의 입장을 빠르게 재조직할 언어가 필요했다.

이를 위해 지원은 '생물학적 여성'의 성차별 경험을 전달하는 명료한 언어들을 찾아 나선다. 자신이 사용하는 언어가 과격하고 대중적이지 않다는 것은 알고 있다. 지원은 이런 말을 하는 스스로를 '(생물학적) 여성우월주의자'라고 지칭하기도 한다. 그러나 남성들에게 변화를 기대할 수 없는 현재의 상황에서는 이러한 언어들을 사용하는 것이 최선이라고 생각한다. 남성들에게 성차별적인 현실을 이해시킬 수 있다면 여성우월주의적인 언어라 하더라도 사용해야 한다고 본다. 이렇듯 페미니즘을 여성혐오적 발언을 하는 남성들을 설득해내야 하는 '정답'이라고 생각하는 지원에게 자신과는 다른 여성의 삶의 경험을 설명하는 페미니즘 지식은 그리 중요하지 않다. 지금 지원에게 가장 중요한 일은 학교에서 매일 대면하는 백래시에 대항하는 것, 그리고 그렇게 함으로써 '메갈' 낙인이 찍히지 않도록 자신을 보호하는 것이다. 이 과정에서 트랜스젠더 여성과 같이 지원 자신과는 다른 상황에 놓인 여성들의 경험은 지원이 스스로 속하여 있다고 생각하는 '생물학적' 여성들의 경험과 같은 선상에서 상상되지 않는다. 페미니즘 지식이 '생물학적' 여성의 억압을 설명하는 하나의 도구일 뿐이라면, 자신과 다른 위치에 있는 여성들의 경험과 지식은 그다지 중요하지 않기 때문이다. 지원은 실시간의 언쟁에 신속하게 '참전'하고 그 전쟁에서 싸워 이길 수단을 찾는 것만이 중요하다.

(2) 대학 내 페미니스트 관계 부재와 '나 홀로 싸우기'

지원이 이처럼 '(생물학적) 여성 우선' 페미니즘에 확신을 가지게 된 데에는 남성중심적 대학 공간에서 혼자 외로이 싸워야만 했던 상황이 영향을 미쳤다. 지원은 대학 입학 이후 페미니스트로 정체화했을 정도로, 대학 공간에 만연한 여성혐오적 문화에 신물이 난다. 여학생들을 성적 대상으로만 보는 남학생들에 대한 분노가 지원을 페미니스트로 만든 것이다. 한 친한 오빠는 칭찬이랍시고 '너한테 번호표 뽑은 애들이 많다'고 말하기도 했다. 지원에게 관심이 있는 남학생들이 많다는 뜻에서 칭찬으로 던진 말이었겠으나, 지원은 그 말에서 여학생들에 대한 품평이 남학생들 사이에서 이미 일상적으로 이루어지고 있다는 사실을 간파한다. 지원은 이러한 발언이 개별 남성의 문제에서 기인한 것이 아니라 학교 전체의 문화임을, 그리고 그러한 문화는 사회의 불평등한 젠더 관계에서 기인하는 것임을 알고 있다. 또한 지원의 대학에서는 외모 평가뿐 아니라 성희롱, 성폭력 사건도 빈발하고 있는 상황이다. 그러나 이러한 문제에 대해 대학 차원에서 공개적으로 논의가 이루어질 수 있는 상황은 되지 못한다. 주변 친구들과 부당한 경험을 공유하거나 개인 SNS 계정을 통해 문제적 언행을 한 남학생을 '저격'하는 게 지원이 할 수 있는 전부이다.

성평등을 위한 지원의 시도가 개인적 차원에 그치는 이유는 지원이 자신이 속한 대학에서 함께 싸울 이들을 발견하지 못하고 있기 때문이다. 총여학생회나 단과대 차원에서 윤리위원회 등의 기구를 통해 성폭력을 공론화하거나 차별적 발언 등을 논의할 수 있다는 사실은 알고 있다. 그러나 이는 내부적으로 명시된 규칙일 뿐, 실질적으로 기구가 작동하지는 않는다. 페미니즘 대중화 이후 대학 공간에서 페미니즘 지식에 대한 수요가 폭발하고 학내 페미니즘 소모임과 동아리 또한 급증한 반면, 이에 대한 백래시 역시 거세지고 있다. 백래시와 포스트페미니즘의 물결이 대학가를 강타하여 총여학생회 등과 같은 공식적 자치기구는 매년 존폐 위기에 부딪히고 여성주의 의제를 생산하지 못하는 기구로 전락하고 있다(김민정, 2020). 이러한 상황은 여성들이 페미니즘에 대해 말하고 여성들 간의 위치 차이를 만드는 구조를 논의하고 사유할 기회 자체를 제약하고 있다. 성차별에 공동체적으로 대응할 대학 내 기구나 적절한 조직 차원의 제도를 찾기 어려운 상황(유현미, 2022)에서 여성들은 성차별에 개인적으로 대응하며, 고립되기 쉽다. 명확한 입장 표명과 그에 맞는 페미니즘 실천을 요구받고, 다른 여성들과 함께 싸우기 어려우며 페미니즘 논쟁에서 빠르게 이겨야만 한다는 압박을 겪는 이들에게, 디지털 공간에서 쉬이 접할 수 있는 TERF 입장은 선택 가능한 유일한 입장일 수도 있을 것이다. 그리하여 이들에게 페미니즘 실천은 개별적 운동으로 국한되고 페미니즘 지식은 '생물학적 여성'의 경험만을 설명하고 그 외 다른 여성들의 경험은 배제하는 것으로 굳어지게 되었다.

4. 경험과 지식을 연결할 수 있는 장으로서의 대학의 가능성

지원의 사례에서와 같이, 여성들은 백래시나 낙인의 두려움, 혹은 완벽한 페미니스트 규준에 대한 강박이나 개별화된 운동방식으로 인해 페미니즘 활동을 할 때 고립되기 쉬운 환경에 놓여 있다. 다른 여성들의 경험을 접하지 못하는 것은 자신의 입장을 벗어나 사고하는 것을 더욱더 어렵게 한다. 그러나 대학이 페미니즘을 배우고 실천하는 공공의 장으로서 제 역할을 다한 사례 또한 있다. 어떤 이들은 대학에서 함께 이야기할 여성들을 찾을 수 있었고 자신의 경험을 지식으로 설명해내는 과정에서 공동의 지식을 찾고 생산할 수 있었다. 즉, 대학 공간이 페미니즘 실천과 지식 생산을 위한 유용한 도구이자 자원으로 기능할 수 있었던 것이다. 이러한 환경에서 페미니즘 수업은 여성들이 다른 여성들을 만나고 그들의 경험과 연결되는 기회가 될 수 있다. 수업이 단순히 정보를 제공하는 장을 넘어서 여성들이 그들 간의 차이를 대면할 수 있는 장으로서 의의를 가질 수 있는 것이다(추지현, 2019).

현진 또한 디지털 공간에서 페미니즘을 처음 접하고 혼란을 겪었으나, 현재는 다소간 페미니즘에 대한 고민이나 어려움을 해소해나가며 앎을 지속하고 있다. 이러한 변화는 현진이 여대에 진학하여 다양한 페미니스트들의 모습을 접하고 그들의 고민을 목도함으로써 가능했다. 현진이 고등학생 때 엑스를 통해 페미니스트 활동을 하며 가장 견디기 힘들었던 것은 완벽한 페미니스트가 되지 못한다는 점이었다. 엑스에서 본 페미니스트들은 자신의 일상생활을 뒤로 하고 시위나 운동에 열정적으로 참여하는 이들이었다. 그러한 이들만이 완벽한 페미니스트라 현진은 믿었고, 그렇게 실천하지 못하는 자신이 부끄럽기도 했다. 그러나 이러한 자책감은 현진이 여대에 진학하며 많이 사라졌다. 다양한 생각을 가지고 있는 페미니스트를 일상적으로 만날 수 있는 여대의 환경은 현진이 완벽한 페미니스트가 되어야 한다는 강박에서 벗어날 수 있게 했기 때문이다. 현진은 대학 입학 이후, 다양한 여성들과 만나고 이야기한 것을 '조율'의 경험이라고 말한다. 여대에는 탈코르셋을, 비연애를, 정치적 레즈비어니즘을 실천하는 이들도 있었지만, 그러한 실천들을 하지 않는 페미니스트들도 많았다. 그러나 그들 모두 여성 인권에 관심을 가지고 있었다. 엑스에서는 어떤 '스탠스'만이 옳은 페미니즘이라는 기준이 있고 그에 부합하는 완벽한 실천을 하는 사람만 여성 의제에 대해 목소리를 낼 자격이 있다고 믿는 분위기이지만, 여대에서는 모두 다른 입장과 위치에서 여성 의제에 대해 각기 다른 의견을 나눈다.

이처럼 여대에서는 다양한 여성들을 직접 만나 이야기 나눌 수 있었고, 이 경험으로 현진은 여성으로서 이들에게 연대감을 느꼈다. 이러한 연대감은 그들이 '민감한' 주제들을 서로 존중하면서 이야기했기에 가능한 것이었다. 여성들 간의 무수한 차이를 인정하고, 그 차이로부터 배우는 경험을 현진은 하고 있었던 것이다. 그렇게 '답'이나 '스탠스' 없이도 페미니즘을 이야기할 수 있다는 것을 알게 되었다.

(엑스에서는) 어떤 사람들인지 눈에 보이지 않고 그러기에 익명성 때문에 더 연대감이 느껴진 적도 있었지만 뭔가 소속감을 느끼기에는 한참 부족했고. 또 그게 가시적인 성과로 나타나기가 좀 힘들잖아요. (…) 그랬다면 지금은 (대학 세미나에서) 좀더 즉각 즉각 반응이 오는 경우가 많으니까요. 세미나에서 회원들과 얘

기하는 것도 그렇고, 콘텐츠 제작해서 올리는 것도 그렇고.

페미니스트가 되는 것이 당연한 분위기를 느끼고 다른 입장의 페미니스트이더라도 얼마든지 이야기를 나누고 '조율'할 수 있다는 것을 경험한 현진은 더이상 지식을 추구하면서 자신이 틀릴까 두려워하지 않는다. 또 굳이 정답이 없어도 괜찮다고 생각한다. 그래서 페미니즘 활동을 하는 것이 편안하고, 행복하다. 현진에게 페미니즘을 알아간다는 것은 이제 두려운 일이 아니며, 지식은 얼마든지 확장해나갈 수 있는 것이 되어가고 있었다. 현진의 상황과 같이, '민감한' 이야기를 하더라도 관계에 지장이 가지 않을 것이라고 확신할 수 있고 자신이 어떤 입장이든 간에 평가받지 않을 것이라는 믿음이 있는 관계가 주어질 때, 여성들은 각자의 차이를 더 거리낌 없이 드러내고 그 과정에서 다른 조건에 있는 여성들을 이해할 수 있었다.

고등학교 또한 여성들이 자신과 다른 입장의 페미니스트 여성들을 대면하고 혼자 고민하던 생각들을 공유할 수 있는 장이 되기도 한다. 외국어고등학교에 재학 중인 정인은 학교 수업이나 동아리 활동을 통해 다양한 페미니스트 친구들을 만났던 경험을 이야기한다. 정인이 다니는 고등학교에서는 학생들의 요청에 의해 다양한 수업이 열리는 편이다. 최근 페미니즘에 관심을 갖는 학생들이 많아져 페미니즘 수업도 종종 열린다. 그녀는 수업을 통해 '(페미니즘) 의식'이 있는 친구들을 많이 찾을 수 있었고, 적어도 이 수업이 열리는 공간에서는 마음 놓고 페미니즘에 대해 이야기할 수 있다는 안도감이 들었다고 말한다. 또한, 인권 관련 수업이 열리고 페미니즘 활동을 공개적으로 하는 동아리가 있다는 것은 남학생들이 페미니즘을 무턱대고 비난하지 못하게 하는 효과를 낳기도 했다. 이렇듯 페미니즘에 우호적이라 평가할 수 있는 학교에서 정인은 페미니즘에 대해 공개적으로 이야기하기를 두려워하지 않는다. 대학 입시를 준비하고 있기에 문제의식이 즉각적인 행동으로 이어지기는 어렵지만, 자신이 진지하게 여기는 성차별 문제를 함께 고민하고 의논할 친구들이 있음에 정인은 힘을 얻는다. 고등학교에서 개인의 전공과 희망 진로에 맞춘 수업이 개설될 때는 입시를 위한 자기소개서 관리가 애초의 목적이겠지만, 그런 수업이 개설된다는 것 자체가 정인의 경우처럼 학내에 페미니즘에 우호적인 환경을 만들어내기도 한다.

> 학교에 인권 동아리도 있고 그래서, 부당한 일이 생겼을 때는 다들 뉴스 기사 같은 거 캡처해서 스토리, 인스타 스토리 올려서 이야기하기도 하고. (…) 선생님께서 막 페미니즘의 역사, 이런 교양강의 같은 수업도 했었고, 물론 남자 친구는 한 명도 안 들었지만.(웃음) 그런 것도 있고 하니까 다들 의식은 그래도 좀 있는 것 같아요.

10대 여성들이 페미니즘을 말하고자 할 때 소셜미디어 외에는 마땅한 공론장을 찾지 못하는, 이른바 '자원 없음'의 상황에 놓여 있음이 진단된 바 있다(강예원, 2019). 페미니즘을 자유롭게 이야기하기 어려운 상황에서 여성들이 자신의 경험을 솔직하게 말하지 못하며 앎의 다양한 기회들이 제약되기도 한다. 학교의 페미니즘 수업은 여성들에게 경험을 공유할 수 있는 창구가 되며 발화자의 안전을 보장하기도 했다. 학교를 통해 다른 여성들과 연결되는 경험이 앎의 과정을 지속시키는 것이다.

5. 나가며

2016년이 끊임없이 되풀이되는 듯한 요즘이다. 아직 아무것도 바뀌지 않은 것 같고, 너무나도 많은 여학생들을 그대로 대학에 남겨두고 온 것만 같다. 이전에 수많은 여성들이 거리로, 교문 밖으로 나왔지만 여전히 또다른 여성들이 광장에서 목소리를 내며 분노하는 상황들이 아프게 다가온다. 총여학생회도, 학생운동도 모두 사그라든 지금의 대학에서 외로이 목소리를 내고 있는 여학생들에게 너무 늦은 답장을 보내는 듯하다. 대학본부는 구조조정에 반대하는 학생들의 대자보를 찢고 그들을 고소하며 이들이 학생으로서의 본분을 잊었고 학교의 위상을 실추시킨다며 질타한다. 대학본부가 상정하는 학생은 누구이며, 학교는 무엇을 위한 공간인가. 공동의 지식을 습득하고 실천하며 생산해야 할 대학이 오히려 앎을 이어가려는 학생들을 학생이 아니라며 질타하고 고소하는 것은 무엇을 의미하는가.

　　　아마 이처럼 하나로 통일되지 않는 시끄러운 목소리를 내는 여학생들은 청소되어야 할 불순물의 자리에 영영 남아 있게 될지도 모르겠다. 고소당하고 청소당해야 할 것, 대학의 통일성을 해치는 것, 흔히 대학의 '목표'라 일컬어지는 높은 취업률과 글로벌화에 방해나 걸림돌이 되는 목소리들로 말이다. 그러나 이때야말로 우리는 계속해서 불순한 것으로 남아 있기를 선택해야 할지 모르겠다. 그런 자리에 머무는 것은 지치고 힘든 일이나 종종 자부심이 되기도 한다. 주변적인 시선으로 세상을 보면 더 많은 것들이 보이기 때문이다. 내 아픔을 이해하고자 찾았던 언어가 당신의 아픔을 비춰주기도 하기 때문이다. 그렇게 자긍심과 희망으로 빛나는 순간들이 만들어진다. 그러하기에 나는 이들의 분노가 부디 소진으로 이어지지 않기를 바란다. 그 분노가 살게 되는 힘으로 변화하기를 바란다. 긴 투쟁을 끝내고 마침내 학교에서 집으로 돌아오는 발걸음이 너무 무겁지만은 않았으면 한다. 그 무게를 덜기 위해 답장을 쓴다.

참고문헌

강예원, 2019, 「디지털 시대 페미니즘 대중화와 십대 페미니스트 '되기(becoming)'에 관한 연구」, 이화여자대학교 여성학과 석사학위논문.

김민정, 2020, 「'페미니즘 리부트' 이후 대학 내 '성(性)' 강의 지형 탐색」, 『한국여성철학』 33권.

김애라, 2019, 「'탈코르셋', 겟레디위드미(#getreadywithme): 디지털경제의 대중화된 페미니즘」, 『한국여성학』 35권 3호.

유현미, 2022, 「대학 성폭력의 지속과 성별화된 능력주의」, 서울대학교 사회학과 박사학위논문.

추지현, 2019, 「페미니즘'들': 변화, 위해, 소통의 경험들」, 『여성학논집』 36집 1호.

Chamberlain, Prudence, 2017, *The Feminist Fourth Wave: Affective Temporality*, Palgrave Macmillan (프루던스 체임벌린, 2021, 『제4물결 페미니즘: 정동적 시간성』, 김은주·강은교·김상애·허주영 옮김, 에디투스).

Harding, Sandra, 1991, *Whose Science? Whose Knowledge?: Thinking from Women's Lives, Ithaca*, NY: Cornell University Press (샌드라 하딩, 2009, 『누구의 과학이며 누구의 지식인가: 여성들의 삶에서 생각하기』, 조주현 옮김, 나남).

지역 대학의 디스토피아와 페미니즘의 쓸모[1]

김하영

1. 대학의 퇴행과 감각의 격차

N번방 사건, 낙태죄 헌법 불합치로 페미니즘 리부트의 열기가 채 가시지 않았던 2019년, 그때 나는 지역에서 연구원으로 재직하고 있었다. 출장이나 휴가를 이유로 서울에 갈 때면 페미니즘 리부트를 체감할 수 있는 현수막과 플래카드, 페미니즘 동아리를 홍보하러 나온 대학생들, 카페에서 페미니즘 도서를 읽고 있는 또래 여성들을 종종 볼 수 있었다. 하지만 지역에서는 가까운 지인과도 페미니즘을 이야기하기가 어렵고, 페미니스트라는 '티'를 내서도 안 된다. 한 다리만 건너면 다 아는 사이인 지역에서 페미니스트라고 좌표가 찍히게 되면 여러모로 피곤해진다는 사실을 잘 알기에, 나는 업무차 만나는 공무원들이 종종 '빻은 말'을 해도 웃어넘기곤 했다. 책에서도, 논문에서도 페미니즘 리부트라고 말하는 그 시기를 나는 몸소 체감하기 어려웠다.

온라인과 페미니즘의 조우는 거리와 경계의 한계를 뛰어넘어 강남역 살인사건 피해자 추모 운동과 미투#Me Too 운동 그리고 혜화역 시위라는 저항의 정

---

[1] 이 글은 졸고 「지역 거주 20대-30대 여성들의 페미니스트 인식과 실천: 울산광역시를 중심으로」(『젠더와 문화』 15권 2호, 2022)를 투고하는 과정에서 얻은 녹취록의 내용과 추가로 확보한 다른 녹취록을 재구성한 것이다.

치를 가능케 했다. 하지만 거리와 경계를 넘나드는 기술과 네트워크가 인간의 모든 경험에 침투하는 건 아니며(Castells, 2009), 젊은 페미니스트의 인식과 실천은 온라인 공간의 영향력뿐만 아니라 거주 지역이나 사회경제적 조건 등 다양한 맥락에 따라 다르게 나타나기도 한다(김하영, 2022; 김혜경, 2022).

그중 지역에서 페미니즘 하기는 '감각의 격차' '경험치의 차이'라는 표현으로 언급될 정도로 서울과는 차이가 있는데(김혜경, 2022), 그 이유는 서울과 지역의 공간적 위계 때문이다. '서울 공화국'이라고 불리는 한국사회에서 서울은 다른 지역에 비해 공간적 우위를 점하고 있어, 서울과 지역의 공간적 격차는 여성 간 경험의 차이를 식별하는 데 중요한 축이다. 젊은 페미니스트들의 인식과 실천은 사회적 지지나 신뢰의 경험, 사회적 관계망, 제도화된 자원에 따라 다를 수밖에 없는데(추지현, 2019), 이 요소들은 공간적으로도 상이하게 나타나기 때문이다. 예컨대 지역에는 페미니즘을 학문으로 배울 수 있는 공간도, 학위 과정도 충분하지 않거니와, 페미니즘을 가르칠 수 있는 교수와 강사도 많지 않다. "페미니즘 하려면 서울로 페미 유학을 가야 한다"는 우스갯소리가 괜히 있는 게 아니다.

지역의 페미니스트들이 페미니즘을 말할 수 있는 공간도, 관계도 만들기 어려운 상황이 더욱 심화된 배경에는 정부의 '대학구조개혁정책'이 있다. 대학구조개혁정책은 학령인구의 감소, 대학 경쟁력 제고 등을 명분 삼아 추진되어 왔지만, 사실은 대학의 규모와 갯수를 '슬림화'하는 게 진짜 목적이었다(신현석, 2005). 한국 교육개혁의 흑역사라고 할 수 있는 대학설립준칙주의는 최소한의 요건만 갖춰도 대학을 설립할 수 있도록 당국에서 인가하는 제도로(김재훈, 2015), 이것은 부실 대학을 양산하여 현재의 대학 구조조정을 초래한 원인으로 거론되어왔다.[2] 대학의 지나친 팽창을 억제하겠다는 논리는 일견 타당해 보이긴 하지

---

[2]   대학설립준칙주의는 대학의 다양화·특성화를 도모하고자 설립 조건을 완화하여 대학 설립의 자율화를 확대하고자 한 정책인데, 대학의 설립 목적과 특성에 따라 설립 기준(교지, 교사, 교원, 재산 등)을 다양하게 규정하여 일정 기준만 충족하면 대학을 설립할 수 있도록 했다(박남기·임수진, 2015).

만, 그렇다고 해서 대학의 생사를 충원율과 취업률 같은 '정량적 지표'를 통해 결정하겠다는 건 문제가 있다. 그럼에도 불구하고 지역을 떠나는 청년들이 급증하자 지역 대학은 살아남고자 지표에 도움이 되지 않는 학과를 구조조정하기 시작했다. 2019년부터 2021년까지 시행된 대학의 학과 통폐합 건수를 보면 지방대는 539건으로 수도권 161건과 크게 대비된다(김기준, 2022). 투자 대비 이익을 극대화할 수 있는 지식이 우대받고 그렇지 않다고 여겨지는 지식은 기피 학문으로 취급받는 현실에서 인문·사회과학 계열의 학과는 학과 구조조정의 1순위다. '4차 산업혁명에 걸맞은 미래 인재 육성'이라는 기치 아래에 지역 대학은 기초학문의 무덤이자 취업사관학교가 되고 있다.

'교육기본법' 제 제2조는 "교육은 홍익인간의 이념 아래 모든 국민으로 하여금 인격을 도야陶冶하고 자주적 생활능력과 민주시민으로서 필요한 자질을 갖추게 함으로써 인간다운 삶을 영위하게 하고 민주국가의 발전과 인류공영의 이상을 실현하는 데에 이바지하게 함을 목적으로 한다"고 명시되어 있다. 이것은 교육의 목적이 개인의 '능력' 함양에 있다기보다는 오히려 공동체의 일원으로서 개인이 타자와의 공존을 위해 갖추어야 할 최소한의 자질 함양에 있음을 의미한다(나윤경, 2022). 하지만 성과와 실적으로 증명될 수 없는 가치가 대학의 문턱조차 넘지 못하자 지역 대학은 공동체의 지속가능성을 위해 건전한 시민을 길러내야 하는 사회적 책무를 이행하기가 어려워졌다. 5년간 1000억원을 지원받기 위해 '글로컬 대학'에 선정되어야만 하는 상황에서 지역 대학으로서는 취업자를 배출하는 일이 민주시민을 육성하는 일보다 더 중요할 수밖에 없다. 이는 생존경쟁에 내몰린 지역 대학에서 사회적 불평등을 문제 삼는 방파제로서 존재했던 대학교육을 상상하기가 더욱 어려워졌음을 의미한다.

신자유주의적 교육체제는 시장과 기업이 선호하는 '경쟁력 있는 개인'을 양성하여 구조적 차별을 '개인화'할 것을 독려한다. 경쟁력 있는 개인은 기업가적 주체로서 시장 질서로 수용되지 않는 차이의 가시화나 인정은 공정하지 않다고 여기며(엄혜진, 2018), 파편화된 주체로서 타자에 대한 경계와 불신을 가진다

(엄기호, 2013). 시장과 기업의 논리를 따르는 대학에서 민주사회의 구성원으로 비판적 사고와 합리적 의사결정 능력을 가진 시민을 배양하기란 매우 요원한 일이 되자 대학의 변화와 책무를 이야기하려는 사람들이 설 자리는 마땅치 않아졌다 (오찬호, 2015). 그런 와중에 페미니즘 리부트를 기회로 페미니즘 교육에 대한 요구가 높아지자, 대학은 페미니즘 관련 교양강좌를 확대하는 움직임을 보였다. 하지만 그것은 어디까지나 '인서울 대학'을 중심으로 이뤄졌을 뿐이다. 페미니즘 리부트라는 명명이 무색할 만큼 변화의 기미가 보이지 않던 지역 대학에서 페미니스트로 존재할 수 없었던 이들의 이야기는 갈 곳을 잃을 수밖에 없었다. 그들은 지역, 대학, 페미니즘을 어떻게 경험했을까?

2. 페미니즘 리부트'들'

(1) 자기계발과 페미니즘 기획의 조율

지금의 청년 세대는 "일반화된 경쟁 상황에서 도태되지 않는 것을 가장 시급한 과제로 설정하고, 이에 최선의 노력을 경주하는 마음가짐"을 지닌 생존주의 세대로 진단되곤 한다(김홍중, 2015: 179). 생존을 위해 청년들은 자신의 모든 잠재력을 자본으로 전환할 수 있는 자기통치의 주체가 되어야 했고(김홍중, 2015), 이것은 "개인들 간의 군비경쟁"이라 불릴 수 있는 '스펙 경쟁'으로 드러났다(최철웅, 2011: 39). 이러한 현실 속에서 시장의 규범에 따른 공정한 경쟁을 통해 여성 스스로가 자신의 욕망뿐만 아니라 권리도 실현하라는 요청이 쏟아지게 됐고, 여성 개인의 성취를 여성해방으로 바라보는 경향이 강해졌다(엄혜진, 2022). 모두가 그런 건 아니지만, 여성이 안정된 고용 지위를 획득하기 어려운 지역 여성들에게는 이것이 더욱 두드러졌다.

주현은 산업도시의 "표준 가족"으로 여겨지는 대기업 노동자인 아버지와 전업주부인 어머니 슬하에서 자랐다. 주현은 "돈을 잘 버는 가장"이라는 이유로 아내에 대한 폭력을 정당화하는 아버지를 보며 남성에게 기대지 않고 살아가려면 안정된 고용 지위를 획득해야 한다고 여겼다. 하지만 산업도시에는 양질의 일자리가 많은 편이라 하더라도 그것들은 대개 남성노동자의 몫이기 때문에(이정은, 2022), 여성이 직업적 성취를 얻기가 매우 힘들다. 주현이 대학을 다니는 내내 한줄의 스펙이라도 더 쌓으려고 고군분투했던 것도 바로 이 때문이다. 페미니즘 리부트와 총여학생회의 폐지를 동시에 경험한 주현은 숏커트와 탈코르셋을 하는 등 라이프 스타일에 변화를 주는 정도로만 페미니스트로서의 '입장'을 드러내는 한편 취업에 유리한 스펙을 쌓아 남자 없이도 잘 사는 여성이 되기 위해 노력했다. 자신이 사는 곳에서 여성은 노동자가 아니라 "잠재적 연애 대상"으로만 여겨지기 때문에 뛰어난 스펙을 갖춰야만 한다는 게 주현의 설명이었다.[3] 주현에게 페미니즘은 남성에게 의존하지 않아도 살 수 있다는 해방의 가능성을 보여줬지만, 모순되게도 해방을 위해서 주현은 자기계발에 몰두할 수밖에 없었다.

스펙 쌓기에 여념이 없었던 주현의 대학 생활은 페미니즘 리부트를 계기로 변화하기 시작했다. 주현은 우연히 메갈리아를 중심으로 생산되던 미러링[4] 텍스트를 접한 적이 있었다. 그 당시 "남못잃"[5]이었던 주현은 디지털 공간에서 생산, 유통되던 텍스트를 통해 자신이 속한 사회적 관계망, 특히 이성애 관계를 되짚어보며 남자친구의 언행이 "알게 모르게 불편했던" 이유를 깨닫게 됐다. 얼

---

[3] 주현은 대기업에서 계약직으로 근무할 당시 상사로부터 "정규직 남성과 결혼하는 게 성공하는 루트"라는 말을 들은 적이 있어 해당 기업의 조직문화 자체가 여성을 노동자가 아니라 잠재적 연애 대상으로 전제한다고 여겼다.

[4] '미러링'(mirroring)은 여러 의미로 쓰이지만 한국에서는 상대방의 잘못, 특히 여성혐오적인 말이나 행동을 반전시켜 보여줌으로써 그 문제를 선명하게 드러내기 위한 논증 및 설득 전략이라는 의미로 널리 쓰인다(페미위키, 2023. 6. 16).

[5] '남자를 못 잃는 여성'의 줄임말로 온라인 여초 커뮤니티에서 자주 사용되는 용어이다. 문맥상 여성혐오를 일삼는 남자일지라도 그 남자를 너그럽게 이해해주거나 친구들과 함께 그 남자를 욕하면서도 연애 관계를 이어나가는 여성을 의미하는 듯하다.

마 지나지 않아 강남역 살인사건이 발생했고, 그 사건을 계기로 주현은 스스로를 페미니스트로 인지하게 됐다. 디지털 공간에서 접한 텍스트를 자원 삼아, 주현은 페미니스트로서 발화하기 시작했다. 가족학 강의에서 동아시아 출신의 젊은 여성들이 나이 든 농촌 총각과 결혼하는 현실의 부조리함을 발표하기도 했고, 온라인 대학생 커뮤니티인 '에브리타임'에서 여성혐오 게시물에 "댓글 공격"을 퍼부었다가 계정이 정지되기도 했다.

> 심지어 제가 대학교 다닐 때 총여학생회가 이제 남성 분들의 반발로 폐지가 됐거든요. (…) 한창 페미니즘 리부트 때인데, 난리가 났었을 때, 이제 대학교 내에서는 계속 억압이 이루어지는 거죠. 학교 차원에서도 총여학생회가 폐지되는 걸 보면 이제 그렇게 발언할 수가 없는 거죠. 음…… 어떻게 보면 제일 진보적이어야 할 대학교 내에서 그렇게 억압이 이루어지고 (총여학생회가) 아예 없어져버리니까 얘기를 할 수가 없는 거죠.

페미니즘 리부트로 일말의 변화를 기대했던 주현은 총여학생회의 폐지를 목격했다. 총여학생회의 폐지는 교육과 대학의 정의가 신자유주의적 논리에 따라 달라지면서 발생한 문제이기도 하다. 대학이 끝없는 경쟁의 장이 되자 교육은 상품으로, 학생은 소비자로 정의됐다(강내희, 2013). 대학은 민주화운동을 통해 사회변혁의 주체가 된 학생들을 "새로운 축적구조 및 전략에 적합한 신자유주의적 주체"(강내희, 2013: 75)로 전환하는 전략을 가동했다. 학생 자치의 목적은 사회 비판과 연대가 아닌 취업 지원과 복지 서비스 제공으로 변화하게 됐다. 이러한 탈정치화의 흐름 속에서 페미니즘을 기반으로 한 총여학생회는 불필요한 기구로 취급받기 시작했고, 이것은 곧 총여학생회 폐지로 이어지게 됐다. 주현은 학내 문제에 여성이 목소리를 내기가 더욱 어려워지는 상황 자체를 백래시로 보며, 총여학생회 폐지를 방관했던 대학도 사실상 백래시에 "동의"했다고 여겼다. 물론, 총여학생회가 적극적으로 페미니즘을 이야기하고 실천하는 기구라고 생각하진 않았지만 적어도 "여성문제"를 언급할 수 있는 마지노선으로 여겼던 주현에게는 총여학생회의 폐지가 한 여성으로서, 페미니스트로서 아무것도 발화하지 말라는 메시지와 같았다.

실제로 주현의 학교는 공과대학과 의과대학을 중심으로 운영되고 있어 학생들이 페미니즘을 배울 수 있는 교과목은커녕 페미니즘을 가르칠 수 있는 교·강사도 없었다. 백래시에 맞서 싸울 말과 글을 장착하고자 페미니즘 강의를 수강하고 그곳에서 동료를 만나 안전한 관계망을 구축해가는 '인서울 대학'의 페미니스트들과 주현은 전혀 다른 상황이었다. 그러니 주현은 페미니스트로서 답답함과 불편함을 느낄 수밖에 없었다. 신자유주의체제에 대한 비판적 사고와 사회변혁을 위한 실천의 역량을 키우기보다는 자기계발을 통한 '정상 시민'이 될 것을 요구하는 지역 대학의 교육 시스템 속에서 주현이 자신의 삶과 페미니즘을 연결하는 방식은 자신의 성공에 위해를 가하지 않는 선에서 이뤄졌다.

(2) "좁은 곳"에서 페미니스트로 살아남기

서울과 달리 지역은 익명성이 지켜지기 어려운 공간이다. "한 다리만 건너면 다 아는" 지역 특유의 좁은 관계망은 성별화된 방식으로 드러난다. 청년 남성에게 지역사회의 네트워크는 자신의 진로를 개발하는 데에 도움이 되는 인맥이 될 수 있지만(이정은, 2022), 청년 여성에게 그것은 페미니스트 낙인에 대한 두려움을 강화하는 기제이기 때문이다(김하영, 2022). 가부장제 사회에서 페미니스트임을 밝히는 여성은 주류사회로부터의 비/공식적 추방을 각오해야 하고(조주은, 2007), 사회적 관계망이 촘촘히 얽혀 있는 지역일수록 그 댓가가 매우 혹독할 수 있다. 지역의 페미니스트들이 좌표가 찍히지 않으면서도 동시에 페미니스트로서 안전하게 살아갈 수 있는 전략을 고민해야 하는 이유도 바로 이 때문이다.[6]

정선은 대기업 노동자인 아버지와 전업주부인 어머니 슬하에서 장녀로

태어났다. 정선의 아버지는 오랫동안 "밤에 일을 가고 낮에 자는" 교대근무를 해 오셨는데, 아버지의 '노동 시간표'가 가정의 리듬에까지 영향을 미쳐 정선은 "아빠 패턴"의 가정에서 자랄 수밖에 없었다. 아버지가 잠에서 깨지 않도록 TV를 큰 소리로 틀지 못했고, 친구들을 집에 초대할 수도 없어 정선은 밖에 나가 노는 것을 더 편하게 생각했다.

한편, 정선의 어머니는 극심하게 열악한 노동 환경에서 일하는 남편을 위해 '밥 차려주기'를 중요하게 생각했는데, 이것은 부부관계를 구성하는 핵심 의례이자 생산직 노동자가 노동을 지속하게 만드는 동력이다(조주은, 2004). 하지만 밥 차려주기는 종종 '(맏)딸'에게 전가되기도 한다. 정선의 어머니는 종종 정선에게 "아빠 밥"을 부탁했는데, 그때마다 정선은 "미성년자가 어른에게 밥을 차려줘야 하는" 상황을 이해하기가 어려웠다. 하지만 정선은 자신의 의문을 해소하진 못했는데, 그 이유는 자신과 비슷한 경험을 가진 친구들이 많았을 뿐만 아니라 그들은 그러한 경험을 불쾌하게 받아들이지 않았기 때문이다. 이에 정선은 자신이 "아무것도 아닌 일"을 "너무 예민하게" 받아들인다고 여기게 된데다가, 스스로가 "불효녀"가 된 기분이 들어 그 의문을 '무화無化'했다.

메르스 갤러리 사태, 강남역 살인사건이 보도됐을 때만 해도 "반반"이었던 정선은 우리 사회에 여성에게 불합리한 부분이 있다고 말하는 자신을 "이상한 사람"으로 모는 주변 지인들의 태도에 비로소 자신이 페미니스트임을 인정하게 됐다. 정선은 주로 온라인 여초 커뮤니티에 업로드된 게시물, 대중 서적을 통해 페미니즘을 독학해나갔다. 정선은 삶의 언어로 페미니즘을 채택함으로써 그간 "당연하게만 여겼던 결혼" 바깥의 친밀성을 상상함은 물론, 일상과 제도에 만연한 구조적 성차별을 식별할 수 있게 됐다.

정선이 "느낌으로만 아는 것"이 아니라 "제대로 된 학문"으로 페미니즘

---

6   '좌표 찍기'란 특정 게시글의 주소를 알린 후, 해당 게시글에 대한 공격을 요청하는 일종의 사이버테러 행위이자 여론몰이다.

을 알고 싶다고 느꼈을 때는 오래 다니던 직장을 퇴사한 후 타지의 상담대학원으로 진학했을 무렵이다. 장녀인 정선은 어릴 때부터 부모의 기대에 부응해야 한다는 부담과 책임감을 갖고 있었는데, 그런 자신과 비슷한 처지의 아동을 치료하고 싶다는 사명감에 대학원에 입학했다. 하지만 페미니즘 리부트를 경험하면서 젊은 여성 중 가정폭력, 교제폭력으로 인해 "상처 입고 힘드신 분들"이 많다는 사실을 깨닫게 되자, 정선은 자신의 전공 지식을 젠더 관점에서 재구성해야 할 필요를 느꼈다. 여성주의 상담에 흥미가 생긴 정선은 페미니즘 이론을 "배우고 싶은 욕심"을 가지게 됐지만, 지역 대학에서는 여성주의 상담을 배울 수 있는 수업도, 그것을 가르칠 수 있는 교·강사도 존재하지 않았다. 한때 정선이 서울 소재의 대학원으로 편입하는 걸 고민했던 이유도 바로 이 때문이다.

그런데 서울살이에 대한 정선의 생각은 페미니즘을 학문으로 배우고 싶다는 것에만 연유하지 않는다. 정선은 가장-남성노동자를 중심으로 이뤄진 네트워크가 강력히 작동하는 지역 문화로 인해 '나'로, 페미니스트로 존재하지 못한다는 답답함을 가지고 있었다.

> 모일 때 규모가 진짜 커요. 한 예식장 같은 뷔페를 다 빌려가지고 할 정도로 그렇게 보통 규모가 크고, 아니면 작다고 해도 웬만한 식당 하나는 다 빌려야 할 정도로. 식당 그냥 숯불갈비집 이런 데 그냥 다 빌려서 할 정도로 규모가 좀 커요. [문: 그러면 다른 가족 분들이 만약에 길거리에서 딱 만나도 아실 거 아니야?] 그렇죠. 저는 잘 몰라도 엄마들은 거의 다 알아요. 남편들이야 자기들끼리 알겠지만 그 와이프들끼리도 서로 다 누구 와이프인지 알고 애들 이름도 알고. 어릴 때는 자주 만날 때는 진짜 자주 만나니까.

정선은 성인이 되기 전까지 1년에 2, 3번 정도 아버지가 다니는 회사에서 주최하는 가족 모임에 참석해왔는데, 사실상 그 모임은 아버지의 인간관계를 중심으로 이뤄지는 친목의 장과 다름없었다. 정선은 본인의 의사와는 관계없이 부지불식간에 "누군가의 딸"로만 존재하는 현실, 타지로 가지 않는 이상 벗어나기 힘든, 아버지를 통해 형성된 관계 문화의 영향력을 강하게 느꼈다. 이 산업도시는 남성 가부장 중심의 네트워크가 촘촘하게 이뤄져 있기 때문에 정선은 자신과 "접점이 없는 사람"에게만 페미니스트임을 고백했다. 가령, 정선은 고등학교 동창들에게 페미니스트임을 밝히지 않았는데, 그 이유는 동창의 아버지가 정선의 아버지와 같은 그룹의 계열사에서 근무하기 때문이다. 아버지를 통해 형성된 관계망은 정선 스스로가 페미니스트로서의 '운신의 폭'을 결정하는 데에 중요한 변수였다.

즉, 정선이 자신의 터전을 "좁은 동네"로 느끼는 데에는 이웃사촌과 친족관계의 유대감이 아닌, 산업구조와 남성 생계부양자 중심의 가족주의라는 원인이 있었고, 이러한 현실은 그녀가 페미니즘에 대한 앎을 확장하는 데 어려움을 초래했다. 지역 특유의 관계 문화는 비판적 지식 생산의 의지와 역량이 부재한 지역 대학의 현실과 맞물림으로써, 페미니즘 지식의 갱신과 습득을 제한했고, 이것은 다시 지역의 보수성을 지속시키는 기제가 된다.

(3) '학문'이 아닌 페미니즘

지역 대학은 전업 대학원생의 수는 물론 대학원 지원 자체도 적어 지적으로 '고립'되어 있는 상황이다(유현미, 2023). 특히, 페미니즘을 공부하고 싶은 학생으로서는 인문·사회과학 계열의 지식을 기피하는 지역 대학일수록 학문 네트워크의 외연을 확장하기 어렵고, 지역 대학원의 좁은 네트워크는 졸업과 취업 시에 평판과 기회를 좌우할 만큼 폐쇄적이다. 이것은 지역 대학에서 "페미니스트 정체성은 고립과 배제를 감수하면서 만들어가고 지켜내야 하는 고된 과정"(오혜진, 2019: 39)으로 경험되는 배경으로 자리하고 있다.

지영은 지역의 대도시에서 나고 자랐다. 지영의 어머니는 "오빠들의 뒷

바라지" 때문에 대학에 가지 못한 '한恨'이 있었다. 성차별을 대물림하지 않으려 했던 어머니의 투자와 지지 속에서 지영은 어머니의 기대에 부응하고자 좋은 성적을 유지했다. 지영의 어머니는 여성에게 더욱 '적절'하다고 간주되는 자질을 습득하고 성역할 규범에 따르는 직업을 가지는 게 여성으로서 거머쥘 수 있는 '성취'라고 여겼고, 지영은 어머니의 가르침을 막연히 신뢰하며 성장했다. 지영이 어머니의 가르침에 별다른 반항을 하지 않았던 이유는 그녀가 "교회에서 자란 아이"였기 때문이다. 지영의 친가와 외가는 오랫동안 개신교를 믿어왔기 때문에, 지영은 교회에서 요구하는 여성상, 혼전순결 등에 큰 거부감이 없었다. 오히려 지영은 결혼 시장에서 여성이 성공하려면 예뻐야 한다는 믿음을 가지고 있을 정도였다.

지영은 고등학교 진학과 동시에 공부에 대한 흥미가 떨어졌고, 결국 교대에 갈 만한 성적을 얻지 못했다. 교대 진학에 실패한 지영은 한 중소도시 소재의 대학에 입학했고, 선생님이 아닌 다른 진로를 선택하기 위한 고민을 시작했다. 때마침 지영은 1년간 캄보디아로 선교활동을 다녀왔고, 그곳에서의 경험을 계기로 모교의 사회복지 대학원에 입학했다.

대학원에 입학한 지 얼마 지나지 않아, 지영은 페미니즘 리부트를 경험하게 됐다. 강남역 살인사건, 엠마 왓슨의 UN 연설 등 일련의 이슈를 접하며 지영은 자신이 페미니스트라는 사실을 알게 됐다. 그제야 지영은 자신을 둘러싼 교회의 관계망 그리고 그 관계망 속에서 불편함을 느꼈던 순간들을 재해석하기 시작했다. 하지만 그 당시 자신을 페미니스트라고 여기긴 했어도 "게이와 트랜스젠더를 구분하지 못할" 정도로 페미니즘에 대한 지식이 "아예 없는 상태"였다고 지영은 말했다.

페미니즘이 책으로 배울 수 있는 거라고 생각을 해본 적이 없어요. 그거를 잘 몰랐어, 그때 당시에는. 페미니즘은 어떤, 좀 뭐랄까…… 요즘에 유행하는 것 같은 느낌도 있었고, 책으로 배우기에는 사실 좀 어려운 것도 있었지. 책을 사보려고 한 시도를 안 한 건 아니었는데, 뭔가 좀 딱딱하게 느껴진 게 있었고, 좀 쉽게 다가오기보다는…… 그리고 논문도 막 몇개 찾아보고 했던 것 같은데, 그때 당시에 찾아봤을 때 너무 어려운 거죠. (…) 내가 필요한 건 이건데. 내가 공부를 하고 싶어서 공부를 하러 가는 것, 여자지만 그거는 내가 손해 보는 게 아니라는 그런…… 뭐랄까 남성과 여성이 달라야 되는…… 평등해야 한다는 건 굉장히 단순한 거잖아요.

지영이 페미니즘을 공부하기 위해 선택한 건 책과 논문이 아니라 페이스북이었다. 지영에게 페미니즘은 학문이 아니었다. 그저 지영은 그간 당연하게 여겨왔던 교리가 사실은 여성에게 불평등하다는 걸 설명해줄 언어가 필요했고, 그게 바로 페미니즘이었을 뿐이었다. 지영에게 페미니즘은 그것을 통해 옳고 그름의 감각을 바꾸고, 누구를 어떻게 호명하고 대할지, 누구에게 페미니즘을 말하고 누구에게 숨길지 같은 일상의 선택을 안내하는 당연한 규칙이었지, 책과 논문을 통해 "철학적으로" 알아야 하는 이론이 아니었다. 그러니 지영에게 페미니즘은 일종의 '도덕'이지, 책과 논문으로 배워야 하는 '지식'이 아닌 셈이다.

진짜 나랑 극단, 반대에 있는 사람들만 있더라고요. 대학원 첫 학기 딱 들어갔는데, 지도교수님도 그렇고 여러 교수님들이 성별 고정관념이 있는 얘기들을 참 많이 했고, 어떤 한 교수님은 나랑 종교가 같은데 되게 이상한 소리를 하기도 했어요. 근데 대부분의 사람들은 그거에 대해서 토를 잘 안 달았고, 실제로 본인들도 그렇게 생각하고 있었던 것 같아요, 그때 수업을 같이 들었던 분들은. 근데 나는 그게 아니라고 생각했기 때문에 좀 딴지도 걸고, 혼자 싸우고. 그때 아마 같이 수업 듣는 사람들은 좀 불편했을 수도 있을 것 같은데.

지영이 페미니즘을 학문으로 여기기 어려웠던 이유에는 페미니즘에 무관심한 대학원의 분위기도 한몫했다. 사회복지학에는 여성 전공자가 많은 편임에도, 지영의 주변에는 페미니즘에 무관심하거나 안티페미니스트인 사람들이 상당수였다. 전공수업 중에 자신의 종교적 신념을 근거로 동성애 혐오 발언을 한 학과 교수, 자신을 성적으로 모욕한 지도교수, "같은 여성"이면서 안티페미니즘을 체화한 대학원 동료들과 부대끼자 지영은 분노와 짜증을 참다못해 그들과 "쌈닭"처럼 논쟁하기도 했다. 그 당시 페미니즘이 분명 "핫한 이슈"였음에도 대학원 교과과정에서 다뤄지지 않으니, 지영은 페이스북을 중심으로 생산되는 텍스트를 통해 페미니즘을 접할 수밖에 없었다.

해를 거듭하자 지영은 페미니즘이 개인의 경험과 사회의 관계를 설명하는 지식이라는 것을 깨달았고, 페미니즘을 단순히 도덕적 강령으로 치부할 수만은 없다고 여기게 됐다. 지영은 사회복지학과에서 이뤄지는 저출산 연구가 안티페미니즘 관점의 연구자들에 의해 생산, 독점되는 상황과 마주함으로써, 재생산의 주체인 여성을 고려하지 않는 "이상한 연구"가 확장되어서는 안 된다는 문제의식을 갖게 됐다.

지영은 안티페미니즘이 만연한 대학원의 현실에 상당한 분노를 가지고 있었지만, 대학원의 네트워크가 곧 평판과 취업으로 직결되는 상황에서 페미니스트로서 자유롭고 안전하게 발화할 수 없었다. 지영으로선 학계에 계속 발붙이고 살아가는 한 언제든 마주칠 수 있는 "대학원 사람들"과 척질 수 없기 때문이다. 어느 순간부터 지영은 학과 수업에서만큼은 페미니즘을 얘기하지 않는 게 최선이라고 여기게 됐고, 이후 "현생이 힘들어서" 페이스북을 끊고 페미니즘과 거리를 두게 됐다.

대학원의 "좁은" 판, 비판적 지식 생산자를 길러내는 일보다 성과와 실적을 우선시하는 지역 대학의 현실, 남성중심적 지식 생산자들의 네트워크가 건재한 지역 대학의 보수적 분위기는 기존의 지식을 비판적으로 재구성하고자 하는 여성의 의지와 욕구를 꺾어버린다. 이는 지역에서 성차별이 구조화되는 과정을 설명하는 지식의 생산이 대학원을 통해, 분과학문을 통해 이뤄지지 못하는 현실을 여실히 보여준다.

3. 위기의 지역 대학, 해법은 어디에?

오늘날 대학의 화두는 경쟁력 강화에 있으며, 이를 위한 현실적 과제로 구조개혁과 세계화가 언급된다. 문제는 대학을 둘러싼 여러 논의가 대체로 시장 논리에 의해 구상, 추진되며 대학 자체의 목적이 기업의 경쟁력을 높이는 데에 집약되고 있다는 사실이다. 대학 간의 서로 다른 특성이 고려되지 않은 채 취업률과 충원율이 대학 평가의 주요 지표로 활용되면서, 학문과 지식의 가치가 상업적 효용성을 기준으로 결정된다. 이러한 상황 속에서 지역 대학이 선택한 생존 전략은 지표에 도움이 안 되는 인문·사회과학 계열의 학과를 통폐합하는 것이었다. 경쟁과 생존 자체가 목표가 되어버린 지역 대학에서 비판적 지식의 생산을 기대하기란 더욱 어려워졌다. '고등교육법'에서는 산업대학, 전문대학, 기술대학과 '대학'을 구별하고 있는데, 이것은 그밖의 교육기관과 비견되는 4년제 대학의 설립 목적이 무엇인지를 묻게 만든다.

사전적 정의에 따르면 대학은 "국가와 인류 사회 발전에 필요한 학술 이론과 응용 방법을 교수하고 연구하며, 지도적 인격을 도야"하는 곳이다. 대학의 기업화가 노골적으로 나타나는 상황에서 대학 교육의 진정한 의미와 목적을 회복할 수 있는 대안으로 페미니즘 교육이 끊임없이 소환되는 이유도 바로 여기에 있다. 그렇다면 모든 대학에서 페미니즘 교육을 해야 하는가? 대학과 페미니즘 교육의 관계를 논의할 때마다 '여성학의 제도화'가 거론되었고, 그런 논리는 페미니즘 자원이 부재한 지역 대학의 현실을 근거로 삼았다. 페미니즘 자체에 접근하기 어려운 지역 대학의 현실 속에서 자신의 삶을 젠더 관점에서 해석할 수 있는 틀을 접해본 적이 없었던 여성들의 이야기는 왜 지역 대학에 여성학을 제도화해야 하는지를 보여준다. 이들이 페미니즘을 안티페미니즘에 대응하기 위한 인과적 논리로 받아들였다는 건 곧 지역 대학이 이들의 삶을 온전히 설명할 수 있는 지식과 언어를 제공하지 못했음을 드러내기 때문이다. 하지만 여성학이 독립된 분과학문으로서 갖는 학문적 시민권이 여전히 취약한 현실임을 고려하면(엄혜진, 2018), 단순히 지역 대학에도 여성학을 제도화해야 한다는 당위를 넘어 지역 대학이 어떤 교육을 해야 하는지를 질문해야 한다.

지역 대학은 '그곳'에서 살아가는 여성들의 삶의 조건을 식별함으로써 지역 특유의 성차별 구조와 보수성을 분석할 수 있는 지식을 생산할 필요가 있다. "'남성 생계부양자 모델'과 '가부장제'에 맞춰진"(강은, 2022) 지역을 떠나 새로운 삶을 살아보려는 청년 여성들이 급증하는 현실은 지역과 지역 대학의 위기와 밀접한 관련이 있기 때문이다. 이것은 지금의 위기를 타개하기 위해서는 지역이 "성평등 민주주의를 실험하는 공간"(박서화, 2023)으로, 지역 대학은 지역의 진보를 위한 창의력과 실험정신을 배양하는 요람으로 변화할 필요가 있음을 의미한다.

그러한 변화가 불가능한 것도 아니다. 대학에서 생산하는 지식과 담론이 지역사회의 성불평등을 개선하여 지역 주민들의 삶을 변화시킬 수 있음을 보여주는 사례로 스웨덴의 예테보리를 들 수 있다. 스웨덴의 젠더 연구를 선도하는 교육기관 중 하나인 예테보리대학에는 국립 젠더연구도서관, 젠더연구소, 민주주의다양성연구소 등 다양한 협력기관이 포진되어 있다. 예테보리대학은 여성운동이 남긴 수많은 기록과 자료를 바탕으로 다른 대학에 성평등한 캠퍼스를 만들기 위한 가이드라인과 모범 사례를 공유하는 역할(곽서희, 2018)을 담당해온 동시에 지역사회 내 유관기관과의 긴밀한 파트너십을 구축해 지속가능한 사회로의 전환에 필요한 지식과 역량을 강화하는 것을 목표로 하고 있다.[7] 예테보리대학이 축적해온 지식과 네트워크는 예테보리시를 성평등 정책의 테스트베드로 변화시켜왔다. 일례로 예테보리대학과 예테보리시는 폭력을 행사하는 아버지를 대상으로 관계와 애착을 기반으로 한 부모 교육을 운영해왔는데(Göteborgs Stad, Social resursförvaltning, 2011), 이러한 노력은 예테보리에서 '육아하는 남성'을 당연

---

[7]   예테보리대학교 홈페이지(www.gu.se) 참고.

한 일상으로 받아들이는 데에 중요한 역할을 했다. 예테보리대학과 예테보리시
는 지역사회 안에서의 성평등 실험을 통해 시민의 삶을 변화시킬 수 있다는 하
나의 가능성을 제시한 셈이다.

　　"페미니즘 불모지"로 불리는 지역에서 성평등을 이야기하기란 매우 어
려운 일이지만 그럼에도 눈에 띄는 행보들이 있다.[8] 1990년에 설립된 계명대학
교 여성학과는 수도권 외 지역에서는 드물게 독립 학과를 유지해온 학문적 거점
이자 지역사회를 변화시켜온 실천적 지식공동체로 기능해왔다.[9] 이 학과에서 배

---

[8]　　충남대학교는 중부권 최초로 여성젠더학과 석사과정을 신설해 지역사회와 연계한 교과목을 신설했
고(이정민, 2020), 신라대학교 여성문제연구소에서 발행하는 학술지 『젠더와 사회』가 2024년 한
국연구재단 등재지로 선정되는 쾌거를 이뤘다(박소현, 2024). 지면상의 한계로 지역 대학에서 나타
나는 변화들을 모두 열거하지 못했음을 밝힌다.

[9]　　계명대학교 여성학연구소 홈페이지(www.iws.or.kr) 참고.

출한 졸업생들은 대구의 정책 현장과 실천 현장에서 핵심적 역할을 수행해왔고, 지역의 주요한 의제를 논문과 데이터로 축적해 지역의 독특한 맥락 속에서 유용한 도구가 될 수 있는 여성주의적 지식을 생산해왔다. 실제로 대구가 전국에서 여성운동이 탄탄한 지역으로 평가받고 있는데(정희진, 2025), 이는 대학의 지식으로 지역사회의 불평등이 가시화되고, 그것이 다시 정책과 실천으로 이어져온 선순환 덕분에 가능한 일임을 드러낸다. 국립창원대학교 사회과학연구소 산하의 산업도시연구사업단에서는 산업도시의 위기를 분석하고 구체적 대안을 모색하기 위해 다양한 학문 분과의 연구자들이 모여 '산업도시의 위기와 재구조화 방안'이라는 주제로 연구와 사업을 수행하고 있다. 산업도시의 위기가 곧 지방 소멸로 가시화되는 현실에서 인구 감소를 단순히 일자리 부족의 문제가 아닌 구조적 성차별의 문제로 읽어내고자 하는 논의가 대두되고 있음을 고려하면, 산업도시의 위기를 젠더 관점으로 살펴봄으로써 산업도시의 지속가능성과 성평등의 관계를 고찰하려는 시도는 눈여겨볼 만하다.[10]

"인문사회과학 영역에서 연구하면서 학문적 관심을 키워나가는 것은 결국 우리가 살고 있는 지금의 공간에 대한 비판 의식과도 긴밀하게 연결된다"(현지용, 2024). 이러한 인식 위에서 볼 때 "관광산업이나 기업 유치를 중심으로 한 경제 활성화"만이 지역을 살릴 수 있다는 목소리가 힘을 얻고 있는 현실은, 오히려 지역의 위기를 새롭게 진단할 지식과 담론의 필요성을 더욱 선명히 드러낸다. 이때 대학의 공공성을 실현하기 위한 중요한 대안으로 페미니즘 교육을 주목할 수 있다. 페미니즘 교육은 "지난 억압의 역사와 어떻게 단절할지 물으며 새로운 세계인식을 만들어가는 것"(강이수 외, 2022)이며, 현실의 문제를 적극적으로 다룰 수 있는 비판적 지식을 생산하고 그 주체를 키워내는 실천이기 때문이다.

벚꽃이 피는 순서대로 대학이 문을 닫는다는 일명 "벚꽃괴담"은 한낱 낭

---

[10]　국립창원대학교 사회과학연구소 홈페이지(www.changwon.ac.kr/ssi/main.do) 참고.

설로 치부할 수 없게 됐고, 지역 대학의 역할은 그 어느 때보다도 더욱 중요해졌다. 지역 대학이 단순히 학문과 지식을 탐구하는 기관으로 그치는 것이 아니라 지역 간 격차를 해소하고 지역의 생존을 견인해야 하는 구심점이 되어야 한다는 책무를 요구받기 때문이다. 지역의 생존이 청년 여성의 정주에 달려 있음을 고려한다면, 지역 대학은 성평등-민주주의를 실현하기 위한 지식과 담론을 생산하여 지역사회와의 상생을 도모해야 한다. 대학의 역할을 비판적으로 바라보려고 한 나의 질문에 대한 대답이 페미니즘 교육으로 귀결되는 이유도 바로 여기에 있다.

참고문헌

강내희, 2013, 「변혁운동의 거점에서 신자유주의 지배공간으로」, 『역사비평』 2013년 가을호.

강은, 2022, 「'남성 생계부양자 모델'과 '가부장제'에 맞춰진 지방 떠나는 20대 여성들」, 『경향신문』 2022. 5. 3.

강이수·김현미·백영경·엄혜진, 2022, 「페미니즘, 대학을 바꿔라」, 『창작과비평』 2022년 겨울호.

곽서희, 2018, 「2018년 1월 설립된 스웨덴 양성평등청의 주요 업무 소개」, 『KWDI 해외통신』 2018. 9.

김기준, 2022, 「3년 동안 지역 일반대 학과 통폐합 539건 … 지방대 위기 가속화」, 『서울신문』 2022. 9. 20.

김재훈, 2015, 「한국교육개혁의 흑역사, 대학설립준칙주의: [주장] 앞으로 10년 뼈를 깎는 대학 구조조정 필요」, 『오마이뉴스』 2015. 12. 7.

김하영, 2022, 「지역 거주 20대-30대 여성들의 페미니스트 인식과 실천: 울산광역시를 중심으로」, 『젠더와 문화』 15권 2호.

김혜경, 2022, 「'페미니즘 리부트'와 지역 여성운동: 전주시를 중심으로」, 『한국여성학』 38권 1호.

김홍중, 2015, 「서바이벌, 생존주의, 그리고 청년 세대: 마음의 사회학의 관점에서」, 『한국사회학』 49집 1호.

나윤경, 2022, 「신자유주의적 '역량강화' 대학교육의 한계: 시대적 요구로서의 페미니즘 중심의 공공성 부재」, 『젠더와 문화』 15권 1호.

박남기·임수진, 2015, 「5·31 대학교육 개혁의 영향과 과제: 대학설립 준칙주의와 정원 자율화 정책을 중심으로」, 『교육정치학연구』 22집 4호.

박소현, 2024, 「신라대 여성문제연구소 발행 '젠더와 사회' 학술지 한국연구재단 학술지 평가 등재지 선정」, 『베리타스알파』 2024. 12. 31.

신현석, 2005, 「대학 구조개혁 방안: 정부방안의 쟁점과 과제」, 『교육문제연구』 23집.

엄기호, 2013, 『교사도 학교가 두렵다: 교사들과 함께 쓴 학교현장의 이야기』, 따비.

엄혜진, 2018, 「페미니즘 교육은 (불)가능한가?」, 『한국여성학』 34권 3호.

엄혜진, 2022, 「페미니즘 대중화 이후의 페미니즘, 공존사회를 모색하다」, 『교수신문』 2022. 7. 6.

오찬호, 2015, 『진격의 대학교: 기업의 노예가 된 한국 대학의 자화상』, 문학동네.

오혜진, 2019, 「20대 페미니스트 여성들의 '페미니즘'과 그 의미」, 서울대학교 대학원 여성학협동과정 석사학위논문.

유현미, 2023, 「한국에서 여자 박사하기: 고등교육의 '위기'와 젠더불평등 문제」, 한국여성학회 춘계학술대회 자료집.

이정민, 2020, 「2021학년도 여성젠더학과 석사 과정 신설」, 『충대신문』 2020. 10. 14.

이정은, 2022, 「산업도시의 젠더 인식과 청년들의 이동: 경남 창원의 사례를 중심으로」, 『경제와 사회』 134호.

정다울, 2020, 「총여학생회 폐지와 민주주의의 역설: '민주주의'와 페미니즘의 긴장 관계」, 중앙대학교 사회학과 석사학위논문.

정지혜, 2021, 「'여성 서사'로 가득한 곳, 북유럽 최대 여성도서관을 가다」, 『세계일보』 2021. 9. 18.

정희진, 2025, 「여성학이란 무엇인가, 계명대 여성학과의 경우」, 『경향신문』 2025. 4. 15.

조주은, 2004, 『현대 가족 이야기』, 이가서.

조주은, 2007, 『페미니스트라는 낙인』, 민연.

최장집, 2005, 『민주화 이후의 민주주의』, 후마니타스.

최철웅, 2011, 「'청년운동'의 정치학」, 『문화과학』 2011년 여름호.

추지현, 2019, 「페미니즘'들': 변화, 위해, 소통의 경험들」, 『여성학논집』 36집 1호.

현지용, 2024, 「"나는 지역을 해명할 수 있는 사람, 자긍심 느낀다"」, 『교수신문』 2024. 4. 15.

Castells, Manuel, 2009, *The Rise of the Network Society*, Wiley-Blackwell.

Göteborgs Stad, Social resursförvaltning, 2011, Delrapport-projektet "Större, starkare, klokare och snäll-pappagrupp utifrån ett anknytningsteoretiskt perspektiv," 2011. 6. 27.

계명대학교 여성학연구소 www.iws.or.kr

국립창원대학교 사회과학연구소 www.changwon.ac.kr/ssi/main.do

페미위키 https://femiwiki.com

제2부

페미니즘이
바꿔온 대학

대담 **페미니즘, 대학을 바꿔라**

강이수
김현미
백영경
엄혜진

　　오늘날 대학이 사회변화에 대응할 비판적 지식 생산과 실천의 장이 되지 못하고 있다면 페미니즘은 대학을 어떻게 변화시켜나갈 것인가? 여기서는 2022년 10월, 페미니스트 교수 4인이 '페미니즘, 대학을 바꿔라'라는 제하에 나눈 좌담을 실었다. 이 책의 공동필자인 백영경 교수가 진행한 좌담에서는 미투운동 이후의 대학의 성평등 현실과 대학의 구조적 모순을 진단하면서, 성차별적이고 위계적이며 능력주의에 매몰된 대학을 개혁하는 것 자체가 페미니즘 실천의 과제임을 선언한다. 이 좌담은 계간 『창작과비평』 2022년 겨울호에 실렸다.

백영경(사회) 안녕하세요, 오늘 진행을 맡은 백영경입니다. 이번호 대화에서는 대학개혁의 필요성과 페미니즘의 역할에 대해 토론해보고자 합니다. 창비가 3년 전 「페미니즘이 대학을 구한다」(『창작과비평』 2019년 여름호)라는 좌담을 진행한 바 있는데, 최근 다시 살펴보니 생각보다 시간차가 크게 느껴지지 않았습니다. 당시에는 요즘과 같은 공정 담론이나 혐오 문제에 치중한 것이 아니어서 오히려 본질에 더 가깝게 다가간달까, 신선하다는 느낌도 받았습니다. 오늘은 그 문제의식을 이어받아 현재 대학은 어떤 모습인지, 페미니즘은 거기서 어떤 역할을 했고 대학의 성평등은 얼마만큼 진전했는지를 짚어보는 시간이 됐으면 합니다. 특히 최근 사회적 논의가 집중되고 있는 20대의 젠더갈등이나 혐오정서 확산 문제를 넘어 대학 내부의 문제를 살펴보았으면 하는데요. 민주적 문제해결을 어렵게 하거나 도리어 문제를 만들어내기도 하는 대학 자체에 대한 고민과 페미니즘 교육 과제에 대해 이야기 나누어보면 좋겠습니다. 이번 대화에서 대학개혁에 주목하고자 하는 것은 지식 생산의 장소이자 고등교육기관으로서 대학이 가지는 중요성 때문이기도 하지만, 그렇게 중요한 공간이면서도 어느새 사회의 새로운 흐름을 이끌기보다 변화의 속도를 따라가지 못하는 낙후된 곳으로 여겨지게 된 대학의 현재 위치와 모순 때문입니다. 한때 대학은 세계를 인식하는 새로운 언어를 생산하고 민주주의적 토론 속에서 시민다운 시민의 성장을 이끄는 가능성의 공간으로 기대되었는데요. 그런 의미에서 페미니즘 관점으로 대학 현실을 짚어보는 것은 우리 사회 민주주의의 현주소를 점검해보는 과정이기도 할 것 같습니다. 대학에서의 교수 경험이 있으며 각자의 자리에서 싸우고 있고, 싸워오신 분들을 모셨는데, 돌아가면서 자기소개를 부탁드립니다. 어떻게 페미니즘 연구를 시작하게 되었는지도 들려주시면 좋겠네요.

강이수　　　우리나라에 첫 여성학 강의가 열린 게 1977년이고, 저는 대학 신입생 시절인 1978년에 처음 여성학 교양수업을 듣게 되었어요. 굉장히 열정적인 분위기에서 수업이 진행된 기억이 납니다. 그뒤 3학년 때 현장조사를 나가 구로공단 여성노동자의 삶을 보면서 본격적으로 여성연구를 해야겠다고 마음먹게 되었습니다. 대학원 시절에는 고故 이효재 교수님이 만든 여성한국사회연구회에서 세미나를 계속했고, 그곳의 소장 연구자를 중심으로 좀더 뚜렷한 페미니즘 공부를 해보자는 흐름이 만들어져 아현여성연구실을 만들었습니다. 이후 아현여성연구실과 여성사연구회가 통합되어 1989년 한국여성연구회를 창립해 그게 현재의 한국여성연구소로 이어져오고 있습니다. 강의는 석사과정을 마친 뒤 1980년대 중후반부터 많이 다니다가 1994년에 상지대에 가게 됐습니다. 아마 제가 강원지역 최초의 여성학 전임교수였을 겁니다. 지역 여성운동과 조우하고 활동할 기회도 많아졌는데 지역에 페미니즘 관점을 견지한 여성 리더가 부족하더라고요. 그래서 2000년대 들어 여성학 대학원을 만들었습니다. 지역의 문제는 무엇보다 '사람이 없다'는 건데, 그래도 대학원에서 가르친 이들 중 여럿이 지역의 활동가, 시의원, 정책 담당자가 되어 여성 리더로 활동하고 있다는 게 저로선 큰 보람입니다.

김현미　　　저는 대학에서는 따로 페미니즘 교육을 받은 적은 없습니다. 1980년대 후반 미국 유학을 가서 많은 페미니스트들이 맑시스트 관점에서 세계화 과정과 제3세계 여성노동의 착취 문제를 살피는 것을 접했고, 거기서부터 제 연구의 기반이 정립되었습니다. 당시 미국 대학에서는 페미니즘과 퀴어 분야 수업이 많이 개설되어 있었고 탈식민 이후의 저항들도 주목받았기 때문에 저 또한 다양한 억압들 — 예컨대 젠더, 섹슈얼리티, 계급, 제3세계성 — 을 교차적으로 살피는 페미니즘 방법론을 배웠습니다. 2000년에 연세대 사회학과에 부임하고 보니, 그땐 한국에도 페미니즘을 공부하고 싶어하는 학생들이 꽤 많았습니다. 1995년 서동진(당시 사회학과 대학원생) 씨의 커밍아웃 이후 학내에 퀴어 이슈가 중요하게 등장했고, 성정치 담론도 활발해져 있었던 거죠. 또 여학생들이 소위 '처녀막 신화'를 깨자며 다양한 성적 탐색을 하는 시기도 있었고요. 그런 기반에서 수업을 시작했고, 교수로서 학내 성평등기구 제도화 같은 여러 움직임을 이끌기도 했습니다. 차차 이야기 나누겠지만 지금은 그런 노력들이 더욱 어려워진 상황이 아닌가 하는 생각이 듭니다.

엄혜진　　　저는 대학생 때 학생운동을 했고 20대 때는 사회운동을 했습니다. 학교 다닐 땐 페미니즘에 대한 고민이 그다지 없었어요. 여대를 졸업하고 사회에 나온 뒤 '아, 이런 세상이었구나'라는 걸 깨닫게 된 경우죠. 그러면서 '운동사회 성폭력 뿌리뽑기 100인 위원회'(2000년 7월부터 2003년 10월까지 활동하며 '운동사회 성폭력 가해자 명단' 17인을 공개한 익명 모임)에서 주축으로 활동하게 됐는데, 그 일이 끝나고 나서 다시 사회운동으로 돌아가지는 못했습니다. 100인위 활동의 파장도 컸거니와 저 자신도 좀 달라졌으니까요. 그래서 서른살 넘어 2002년에 뒤늦게 대학원에 갔어요. 제도여성학이 상당히 꺾이기 시작한 시점이고 몇몇 대학에서 여성학과 폐지 움직임도 생겨나면서 당시 여성학 전공자들은 학자로서 이력을 쌓으리란 기대가 사실상 좌절되었습니다. 그 와중에 저는 운이 좋았던 경우일 텐데요. 2011년 경희대에서 교양학부를 대폭 개편해 후마니타스 칼리지를 설립하면서 대대적인 채용을 했는데, 그때만 하더라도 시민교육·교양교육을 하려면 여성학 전공자가 한둘은 필요하다는 인식이 있었어요. 그 기회를 통해 비전임으로 강의를 시작했고, 2017년에 일종의 특별채용 형태로 전임이 되었습니다. 그런데 막상 강의를 하다보니 페미니즘 교육에 문제가 있다는 생각이 깊어지더라고요. 그래서 2017년 다른 여성학 연구자들과 같이 '젠더교육연구소 이제IGE'를 만들어 페미니즘 교육에 관한 다양한 연구사업과 교육활동도 진행하고 있습니다.

백영경　　　세분이 서로 조금씩 다른 분야, 다른 시대를 겪어오신 것 같습니다. 제가 대학에 들어갔을 때는 '여성과 사회'라는 과목이 있었는데 좀 보수적인 내용이었고, 그걸 딱히 여성학 과목으로 생각하진 않았던 것 같아요. 학교에서보다는 아까 강이수 선생님이 말한 한국여성연구회에서 페미니스트 언니들과 많이 어울리며 배웠습니다. 제가 원래 서양사 전공이라 연구회 여성사 분과에서 활동을 했습니다. 그러다가 한국과 직접 관련된 연구를 하고 싶다는 생각에 인류학으로 전공을 바꾸게 되었습니다. 한국의 인구 문제로 논문을 쓴 뒤 방송통신대 문화교양학과에서 강의했고, 지금은 제주대 사회학과에서 가르치고 있습니다.

미투 이후 대학의 변화를 어떻게 볼 것인가

백영경　　　각자의 소개만으로도 시대의 흐름이 느껴지는 것 같은데요,

이야기를 좀 좁혀서 미투 이후의 대학에 대해 어떻게 느끼고 평가하는지 들어보고 싶습니다. 제 경우 방송대에서 여성학 과목이라고 할 수 있는 '성 사랑 사회' 강의를 맡았습니다. 퀴어 인권운동가인 한채윤 씨의 강의도 포함하는 등 꽤 괜찮은 수업이었고, 제가 긴장한 것에 비해 학생들 반응도 나쁘지 않았습니다. 그런데 미투 이후에는 오히려 여러 반발이 감지됐어요. 과제물에 '교수가 남녀평등을 강요한다'는 말을 써서 내는가 하면 동성애 관련해서는 답안지를 거부하는 학생들도 나왔고요. 그리고 제주대로 옮겨 와서 보니 지역에서는 여성학을 강의할 사람조차 구하기 어려운 상황이더라고요. 학교에 페미니즘 동아리가 있는데 참여 학생들이 이름을 드러내길 꺼려 한다고 해요. 지역사회에서 어느 집 딸이 페미니즘 한다는 얘기가 돌까봐 부담스러워하고 쉬쉬합니다. 대학가에 미투 이후 바뀐 것과 바뀌지 않은 것이 혼재하는 느낌인데, 어떤가요?

김현미　　　　미투는 단지 자신이 겪은 성폭력을 폭로하는 게 아니라, 기득권에 의한 성불평등·성폭력의 재생산을 멈추자는 목적을 지닌 운동입니다. 그래서 대학 내 미투에 대해선 남학생들의 반감도 높진 않았다고 봅니다. 그들 역시 기득권자인 교수에 대한 불만이 많았고, 교수들이 여학생을 성적 대상으로 보며 젊은 세대 간의 연애나 친밀성에 권력의 힘으로 끼어드는 것에도 내심 분노가 있었습니다. 그래서 저는 미투가 20대의 갈등을 일으킨 주원인은 아니라고 보고, 좀 다른 각도에서 접근하고 싶습니다. 연세대에서는 수업 내 성평등이 진전되는 몇가지 큰 계기가 있었어요. 총여학생회에서 교수들의 성차별적 발언이나 성적인 농담을 모니터링해 꾸준히 보고서를 냈거든요. 발언자를 익명으로 처리하되 지속적으로 문제를 제기한 것이 공동체를 건강하게 만드는 데 기여했습니다. 2005년에는 강의평가 항목에 '성평등한 관점으로 수업이 진행되었는가?'라는 문항이 들어가면서 교수들의 인식이 더욱 달라졌고요. 이 과정이 캠퍼스를 더 평등하게 만들려는 학생들, 교수들의 수준 높은 노력과 연대를 통해 이루어졌어요. 아래로부터의 요구와 제도적 개혁이 결합되었던 거죠.

백영경   최근의 미투는 그와는 좀 다른 양상이라고 해야 할 듯한데요.

김현미   미투는 일종의 아우팅 방식이었다고 할 수 있죠. 특정 교수를 지목하기 때문에 학생들에게도 엄청난 심리적 부담을 주는데다 교수들의 태도도 복잡해졌습니다. 일부, 주로 여성 교수들은 대자보를 함께 써주는 등 적극적으로 학생들을 지원했지만, 대다수 교수들은 언제든 자신이 표적이 될 수 있다는 생각에 아래로부터의 요구에 민감해지고 거부감을 갖기 시작했습니다. 이런 흐름을 보면서 아무리 자체적인 혁신성이나 명문성名門性을 강조한다 해도 대학 역시 사회의 반영이라는 생각이 들었습니다. 페미니즘 대중화 이후에 어떤 사안이나 의제를 보는 관점이 극렬하게 갈라지기 시작했잖아요. 우리는 페미니즘을 분석적이며 윤리적인 인식론이라 생각하고 가르쳤는데, 지금은 페미니즘이 여성과 남성의 권리를 재분배하는 현실적 전략으로 단순화되었습니다. 디지털 성폭력 등이 난무하고 시급한 현실 사안이 산적해 있는데 인식론과 분석방법을 가르치는 게 무슨 의미냐는 비판을 저만 해도 많이 받습니다. 페미니즘 대중화와 미투 이후의 단순화된 전선 속에서 누구도 자유로울 수 없어진 거죠.

엄혜진   저한테 미투는 한국사회에서 대학이 가졌던 역할과 기능, 가치가 굉장히 달라졌음을 느끼게 한 계기였습니다. 예전에 대학은 사회에서 토론되어야 하는 의제들을 선도적으로 제시하는 공간이었고, 대학 당국이 어떤 방식으로 대응하든 간에 일단은 구성원들의 역동적인 흐름이 그 자체로 힘을 가졌어요. 사회에서도 대학 내의 움직임을 주목하는 편이었고요. 그런데 미투 이후 과정을 보면 대학이 사회에서 불거진 이슈를 오히려 뒤따라가는 곳이 된 것 같습니다. 더구나 그 대응방식도 굉장히 뒤처지고 폐쇄적인 모습으로 드러났고요. 노동계나 문화예술계의 미투 대응이 훨씬 정치적·입체적·적극적이었죠. 오늘날 대학 내부의 정치적 역동성이 굉장히 소진되어 있다는 점을 새삼 확인했습니다.

강이수 ━━━━ 제가 있는 상지대는 좀 특수한 상황이었습니다. 2018년 미투 운동이 폭발적으로 일어난 이후 상지대에서도 교수들의 성희롱·성폭력에 대한 고발과 징계 사례가 있었는데, 그 양상이 좀 달랐어요. 상지대는 수십년간 사학 비리 재단과의 싸움을 벌여 구舊재단의 인사들을 이사회에서 퇴출한 역사가 있습니다. 그런데 2014년 구재단 김문기 전 이사장 측이 복귀하면서 다시 격렬한 싸움이 전개됩니다. 수업 거부를 비롯해 학생들과 교수들이 정말 힘겹게, 같이 싸웠어요. 돌이켜보면 상지대의 미투는 한국사회 전반의 미투 운동 흐름만 아니라 그 사학민주화 운동의 자장 안에도 있었던 것 같습니다. 한편으로 사학민주화 운동 과정에서 여성 교수들이 중심적인 역할을 했기 때문에 학교에서도 이들의 발언을 함부로 무시하지 못하는 분위기가 형성되어 있었어요. 그래서 상황에 따라 징계위원회에서 큰 논란 없이 문제 교수들의 파면이나 해임을 결정하기도 했습니다. 대학 내 민주화운동의 분위기, 학과 경계를 넘어서는 여성 교수들의 연대, 학생들의 동의와 참여가 있었기 때문에 문제에 더 적극적이고 빠르게 대응할 수 있었다고 생각합니다.

대학 내 성평등기구, 이대로 괜찮은가

백영경 ━━━━ 말씀을 들으며 페미니즘 운동과 사회운동, 또 대학민주화 운동과 학내 여성운동의 활력은 서로 동떨어진 것이 아니고 함께 간다는 점을 새삼 느낍니다. 지금 사회 전반에, 또 대학 내부에 정치적 역동성이 저하되어 있다고는 하지만, 그럼에도 미투를 통해 성희롱·성폭력 문제에 대한 민감도가 높아졌다는 것은 분명한 사실 같습니다. 그 시기를 거치면서 인권센터 등 관련 기구를 제도화한 대학도 많은데, 이 부분은 어떻게 보시는지요? 제도화를 통해 좋은 효과도 거두었겠지만, 여전히 현실적 과제가 많은 것 같거든요.

엄혜진   대학을 성평등하게 만들기 위한 기구가 도입되기 시작한 게 1990년대부터인데, 지금은 그 효과를 점검해볼 국면이라는 생각이 듭니다. 요즘도 학생들은 성희롱·성폭력이 발생하면 피해자대책위원회부터 꾸려요. 이게 불필요하다는 건 아니지만 그 방식이 90년대와 똑같다면 문제인데, 대학 당국에 의지하고 기댈 수 없다는 거 아닌가 싶습니다. 피해자 지원이라는 게 보통 일이 아니잖아요. 그 안에서 학생들이 어마어마하게 지치고 피로감을 느끼면서 페미니즘 공동체가 압살당하는 경우들이 줄곧 발생해왔습니다. 더는 그런 일이 없게끔 학내에 인권센터니 성폭력상담소니 하는 기구를 만들었는데, 왜 아직도 해당 기구가 제 기능을 못하는지 점검해봐야 합니다.

강이수   상지대는 학생심리상담센터에 성폭력·성희롱상담센터를 부속기관으로 두어 운영하다가 2018년에 인권센터를 만들고 그 주요 업무로 성희롱·성폭력 예방 및 교육, 처리에 관한 사항을 다루도록 하고 있습니다. 기구적으로는 승격된 셈인데, 여전히 '불완전한 제도화'로 보여요. 운영 담당자의 철학이나 비전이 없다든지 전문성이 보장되지 않는 경우도 있거든요. 엄혜진 선생님 말씀처럼 학생들이 믿고 의지할 수 있는 기구인가 하는 의문이 듭니다. 인권센터가 포괄적인 업무를 다루는 곳이기는 하지만, 성평등 업무를 주로 하는 만큼 그에 맞는 인식을 갖춘 전문가가 배치되어야 하고, 학내 성폭력·성희롱에 적절하게 대처할 수 있는 체계를 더 탄탄하게 마련하는 일이 필요합니다.

김현미   연세대의 경우 선배 여성 교수들의 많은 노력이 있었지만, 1990년대까지 여학생처 정도가 있었을 뿐 제대로 된 성평등기구를 만들지 못했습니다. 그래서 여성 교수들과 함께 2000년대부터 성폭력상담소와 젠더연구소를 설립하는 일에 힘을 쏟았고, 2001년에는 대학원에 문화학협동과정을 만들어 문화와 젠더를 중심으로 한 학제적 체계도 갖추었습니다. 그런데 지금 큰 문제는, 학내 성평등을 위한 노력이 단순히 '성폭력 예방교육' 차원으로 너무나 협소화되었다는 점입니다. 인권센터·성평등센터를 만들면, 그리고 거기에 2년 단위 순환 보직인 센터장과 정규직 연구원·상담원 한명만 두면 대학으로서는 소임을 다했다고 생각합니다. 그러곤 예방교육 이수율을 높이는 데만 치중하고요.

강이수   성평등기구가 제대로 작동하지 않는 상황도 천박한 실용주의가 대학을 지배하는 현실과 맞닿아 있습니다. 제도나 평가 기준에 따라 기구는 만들어져 있지만, 사회적·정치적·문화적 담론을 논하는 학문적 공간은 계속 축소되고 있어요. 학생들이 여성학을 배우고 힘을 받을 수 있는 학문적 공간이 열려 있어야 기구도 제 역할을 하고 활성화될 수 있는데 그러지 못하는 거예요.

엄혜진   게다가 지금 학내에서 논의되는 페미니즘 의제는 무척 복합적인데, 대학에 있는 성평등기구는 주로 성희롱·성폭력 사안에 대해, 특히 매뉴얼화된 문제해결 방법으로만 접근합니다. 그러다보니 학교의 구성원들로 하여금 어떤 사안이든 그 논법으로만 다루게 만드는 문제가 생겨요. 다층적인 불평등이나 젠더폭력을 겪게 되었을 때 학생들이 성폭력 피해자가 아닌 방식으로는 발화하기가 어렵고 그런 훈련도 안 되어 있습니다. 계속해서 성폭력 피해자 담론의 구도 속에서 사안을 인식하고, 그 방향으로만 정치화하게 되는 거예요.

김현미   기구는 갖추어졌지만 아주 낮은 수준의 규율과 규칙, 법치주의로 환원되고 있는 실정입니다. 성평등센터·인권센터 장툱을 전문성 없는 법대 교수들이 맡는 상황도 생깁니다. 피해자 보호와 2차 가해 방지를 위한 익명성 보장, 절차적 공정성 등의 원칙을 만들어두었더니 그 자체가 어떤 철칙처럼 고수되면서 사건 발생 사실 자체나 그 내용이 외부에 퍼질까봐 쉬쉬하는 비밀주의만 강화되고, 오히려 인식 확장의 기회를 막고 있어요. 피해 당사자가 문제해결의 주체로 서지 못하고 어떤 절차가 어떻게 진행되고 있는지조차 모르는 경우가 생기고요. 대학이라면 성폭력 사건을 통해서도, 가령 '내가 가해자라면/피해자라면/

방관자라면/동료라면/지지자라면' 하는 식으로 살아 있는 교육을 할 수 있어야 합니다. 대학에서 생산하는 것, 그리고 구성원들이 상상력을 발휘하고 비판하는 힘을 키울 수 있는 영역은 교육이고 지식인데, 정작 그 안에서는 성평등이 주류화되지 못하고 있습니다. 단순한 제도화를 넘어 우리가 어디로 향해야 하는지에 대한 실질적인 인식의 공유와 토론이 필요합니다.

계급화된 대학 사회, 되찾아야 할 개혁의 동력

백영경   성평등기구가 제도화되고 안착됨에 따라 파생되는 문제가 적지 않아 보입니다. 특히 모든 사안을 기구에만 전담시키고 다른 교원이나 학내 구성원들은 더이상 관여하지 않게 된 모습도 눈에 띕니다. 어떤 사안을 민주적으로 해결해나가고 투쟁도 하기 위해서는 동력이 있어야 하는데 그게 잘 보이지 않는달까요. 왜 이런 현상이 일어나는 걸까요?

김현미   학내 민주화·성평등화를 위한 투쟁에서 위험을 무릅쓸 수 있는 존재가 누구인가 하면 여전히 의식있는 교수와 학생들이겠지요. 그런데 갈수록 교수들이 뭉치는 일이 어려워지고 있어요. 소위 기득권을 거스르는 행동을 하기 부담스러워한다는 느낌을 받습니다. 주니어 교수들은 업적을 빨리 쌓아 불안정한 지위를 벗어나야 하는 어려움이 있고, 평판을 잘 관리하고 싶어하죠. 대학 안팎의 사회적 이슈에 접근하거나 자기 분과를 넘어선 학제 간 연구를 해보겠다는 관심도 없고요. 시니어 교수들은 어렵게 그 자리에 올라간 만큼 다른 사안에 눈을 돌리고 싶지 않아하고, 어떤 면에서는 '우아하게 퇴직'하고 싶어하는 기류가 보여요. 시니어든 주니어든 현재의 나를 뛰어넘어야 새로운 사회적 자아가 구성되고 연대가 가능한데 그런 모습이 눈에 들어오지 않습니다.

엄혜진　　　　대학 교수는 대학을 페미니즘의 관점에서 바꾸어나가야 할 주체이기도 하지만 다른 측면에서 보면 대학개혁(구조조정)의 대상이기도 합니다. 현재 대학은 아주 촘촘한 신분사회입니다. 전임/비전임으로 나뉘고, 전임은 다시 정년트랙(정년보장tenure을 받을 수 있는 경우)/비정년트랙으로 갈립니다. 비전임의 경우는 강의전담교수·외래교수·시간강사 등 일일이 열거할 수 없을 정도로 다양한 지위로 나뉘어 있고요. 똑같이 '교수'라 불려도 고용 지위는 물론 임금 수준과 대학 내에서 행사할 수 있는 권한·자율성의 정도는 매우 다릅니다. 이런 대학 현실에서 교수들이 무언가를 하고자 할 때 이를 같이 도모할 수 있는 기반은 붕괴된 지 오래고, 교수 개개인의 의지에만 의존하는 상황입니다. 저도 전임이기는 하지만 정년트랙에 들어가 있지는 않습니다. 다들 저에게 정년트랙에 올라타려면 얼른 논문 쓰고 업적을 내야지 왜 자꾸 밖으로 회의를 다니고 별별 일을 다 하냐고 해요. 대학을 촘촘한 위계로 나누어놓은 것이야말로 신자유주의적 대학개혁의 신의 한수가 아닐까 싶습니다. 경험과 지식, 실천과 학문 간의 연결과 긴장을 중시하는 페미니즘 연구자로서는 더욱 답답한 현실이 아닐 수 없습니다.

김현미　　　　페미니즘에서 강조해온 연결성과 공감 능력, 함께 문제를 해결하는 책무의 분배 같은 것들이 대학에서 이루어지기 어렵게 되었습니다. 교수들로서는 안정된 지위를 획득하기 위해 할당된 점수를 채우는 일이 급선무이고, '명문대 교수인데 이 정도 업적도 못 내냐'는 부추김과 압박도 상당합니다. 저는 교수 사회 내부의 반성도 필요하다고 생각합니다. 좀 거친 말일 수 있지만, 능력주의의 자장 안에서 교수들은 뒤처지는 사람처럼 취급받는 모멸감을 견디기 어려워해요. 문제는 이 '능력'이 연구 점수로만 평가되다보니 다른 방식으로 사회적·협동적 자아를 표출하는 것은 자신에게 별 도움이 되지 않는다고 생각한다는 겁니다. 대학은 소위 잘난 사람들이 많이 모이는 곳이지만, 그 잘남이 현재의 제도를 옹위하고 재생산하는 방식으로만 활용되는 상황이에요. 목소리 내는 사람에 대한 냉담한 태도와 거리 두기를 통해 스스로를 정당화하고 보호하려는 심리도 팽배합니다. 특히 성평등이나 페미니즘에 거리를 두는 것을 '중립'과 '객관성'을 지키는 일로 여기면서 자신의 무지와 성찰 없음을 방어하죠.

강이수   여성 교수의 수가 객관적으로 너무 적다는 것도 꼭 짚어봐야 할 문제입니다. 페미니즘 관점에서 대학을 바꾸는 게 쉽지 않은 이유예요. 2020년 기준 국공립대 여성 교수 비율은 17.9퍼센트에 불과합니다. 사립대가 조금 낫다고는 해도 4년제 기준 27퍼센트 정도이고, 생활과학대나 간호대에 집중돼 있습니다. 최소 30퍼센트는 되어야 소수자 목소리를 벗어날 수 있다고 보는데 아직 거기에도 못 미치는 거죠. 국공립대 여성 교수 비율을 높이는 데 일정 정도 기여한 교육인적자원부의 대학교원임용양성평등위원회도 윤석열정부가 들어서며 그 기능을 양성평등교육심의회 하위 기구로 재편해버린 상황입니다.

김현미   대학에 여성 교수 자리가 생기지 않는 상황에서 열심히 공부한 페미니스트 학자들은 밥벌이를 위해 결국 '양성평등' 관련 일자리로 가게 됩니다. 페미니즘은 젠더라는 분석 범주를 통해 문화적으로 구성되는 여성성/남성성을 살피고 섹슈얼리티 문제를 들여다보며 차이가 왜 위계화되는지를 분석하는 학문이자 그 대안을 구성해가는 학문인데, 박근혜정부 이후 강조되고 있는 양성평등 정책은 모든 문제를 여자와 남자라는 생물학적 본질론으로 환원시키며 이성애주의를 강화합니다. 권력관계를 비판하기보다 수치적 평등주의를 주창하고, 어떤 문제든 '파이 나눠 먹기', 뺏고 빼앗기는 관점으로 바라보게 만들고요. 이렇게 단순화된 논리를 기조로 삼다보니 젠더기반폭력도 양성평등 문제로, 성별 임금격차도 양성평등 문제로 프레임화되어 깊이 있는 분석과 정책 구성이 이뤄지지 않고 있습니다. 그런데 페미니스트 연구자들도 그런 양성평등 정책을 만드는 일을 할 수밖에 없는 현실이니, 이 아이러니를 어떻게든 해결해야 해요.

백영경　　　　양성평등을 비판하는 공부를 한 이들이 결국 양성평등으로 밥벌이를 해야 하는 상황이 현재 페미니즘이 처한 곤궁을 드러내는 것 같습니다. 대학에서 여성들에게 중요한 자리를 내어주지 않는 문제가 정말 심각합니다. 그래도 우리가 대학을 비판하고 계속 대학에 개입하려 하는 것은 한국사회에서 대학이 수행해야 하는 역할이 있다고 믿기 때문일 겁니다. 더욱이 한국은 대학 진학률(2021년 기준 71.5%)이 높은 사회입니다. 학생들이 대학에서의 경험을 통해 자율적이고 평등한 시민으로 성장하는 동시에 '나'라는 개인을 넘어 더 나은 정치적 공동체를 만드는 데 기여할 수 있도록 대학이 일조해야 하는 책무가 크다고 봅니다. 대학이 어떻게 변하느냐가 사회의 변화에 여전히 영향을 미칠 테고요. 그런데 대학을 '페미니즘 관점으로' 바꾸는 일에는 아직도 많은 한계가 있는 것 같습니다. 그동안 페미니즘이 사회의 많은 영역을 유의미하게 바꾸어온 데 비해 대학의 변화는 무척 더딥니다. 단순한 예로 여학생이 상당히 늘어났음에도 대학이 그에 따라 얼마나 달라졌는가 싶어요.

엄혜진　　　　저는 대학이 그동안 너무 파렴치했다고 생각합니다. 1990년대부터 여성의 대학 입학률이 지속적으로 증가했고 여학생들이 직접적인 학습 주체로 등장했습니다. 경희대만 해도 이미 여학생이 절반이고, 특정 시기에는 남학생 수를 초과하기도 했어요. 그런데 이에 대해 대학에서 어떻게 반응했는가, 어떤 정책이 있었는가 하면 사실 전무했다고 봐요. 하다못해 공간 재배치라도 이루어졌는가 하면, 화장실도 안 늘어난 학교 많거든요. 여성 경제활동참여율이 OECD 38개국 중 고작 31위에 머무는 실정인데, 한국사회 어느 영역에 대학만큼 여성의 약진이 두드러지는 곳이 있나요? 그럼에도 대학은 변할 생각이 없었다는 것, 대학개혁 관련해 목소리를 낸다면 우선 거기서부터 출발해야 한다고 봅니다.

김현미 ⎯⎯⎯ 여학생 비율이 늘 때 연세대에서 너무 불안해했습니다. 이렇게 학교가 '여성화'되면 민족성·남성성이 우세한 다른 대학과 어떻게 경쟁해서 이기느냐 하는 불안이었죠. 그때 저는 여성이 많아져도 우리 학교 안 망한다, 랭킹 안 떨어진다, 오히려 이를 호기로 삼아 여성의 역량강화를 위한 여러 방법론을 개발해야 한다고 열심히 방어했습니다. 이제 더이상 그런 말은 안 나온다 해도 그게 반갑지만은 않은 상황입니다. 여학생 수가 그 자체로 평등의 지표처럼, '여자가 무슨 차별을 당해?'라는 말을 정당화하는 데 쓰이고 있으니까요. 성평등이 단순히 양률이 아닌 질적 변화를 위하는 것임을 잘 이해하지 못하는 거죠.

백영경 ⎯⎯⎯ 심지어 최근 들어서는 여학생 일자리센터를 없애는 곳도 많더군요. 일자리의 질 등 세부지표는 들여다보지 않은 채 여학생이 공부도 더 잘하고 취업도 더 잘하는데 뭐 하러 여성인력개발기구를 두냐, 역차별 아니냐 하는 단순한 논리예요. 이런 상황에서 여성학 수업 개설 비율은 어떤가요? 대학에서 인문학·사회과학 대신 이공계 교육만 활성화시키려 하는 것도 문제인데다 전반적으로 교양과목을 축소하려는 흐름이 보입니다.

김현미 ⎯⎯⎯ 연세대만 해도 당장 여성학 교양수업을 더 줄이려 하는 실정입니다. 교양대학이 아닌 성평등센터에서 만든 두 과목이 있는데 그중 하나를 없애라는 압박이 들어왔어요. 다른 강의들은 강의평가가 나쁘다는 이유로 쳐내지 않는데, 유독 이 수업만 강의평가를 구실 삼아 없애자고 말하고 있습니다. 여학생과 여교수들이 오랜 노력을 통해 수업 하나, 제도 하나를 만들어내도 목소리 큰 한두명에 의해 이것들이 속절없이 사라지는 일이 이처럼 자주 발생합니다. 여성가족부 폐지와 비슷한 상황이에요. 밑에서부터의 투쟁과 헌신을 무시하고, 이들이 무슨 권리로 이렇게 권력을 휘두르는지 모르겠어요.

강이수 ⎯⎯⎯ 지방대학의 경우 또다른 위기가 중첩되어 있습니다. 신자유주의적이고 시장 친화적인 교육부의 대학 역량평가가 과도하게 이어지면서 지방 대학은 십수년 안에 다 몰락한다는 위기감을 갖고 있거든요. 학생 수 감소와 더불어 학과도 취업에 유리한 실용적 전공으로 재편되고 있습니다. 인문학·사회과학 전공이 사라지고 교양수업 자체가 축소되는 마당에 당연히 여성학 수업도 줄었습니다. 한때는 상지대에서 페미니즘 강좌가 '여성학' '여성과 일' '성문화의 이해' 등 한 학기에 7~8개까지 개설됐는데, 지난 3~4년 사이 급격히 축소되어 지금은 2~3개밖에 남지 않았습니다.

김현미　　교양강좌는 아무 때나 칼질해도 된다는 식의 인식이 바뀌어야 합니다. 대학이 가진 가장 큰 매력은 지적·사회적 호기심과 연대의 감각이 태동하고 있는 청년들과 함께한다는 점이라고 생각해요. 그래서 교양교육을 다시 살려야 하고, 살리고 싶습니다. 젠더정의正義 관점에서 세상을 보는 방법을 훈련시키는 방식도 더 다양해질 수 있어요. 이번 학기에 저는 '현대사회의 친밀성과 돌봄의 구조'라는 제목으로 전공수업을 열었습니다. 우리가 왜 파편화된 고독에 시달리는지, 어렵지만 돌봄전환사회를 왜 꼭 만들어가야 하는지 젠더 관점에서 접근하는 수업입니다. 교양강좌로도 이런 수업을 열고 많은 학생들과 문제의식을 공유해야 해요.

강이수　　그런데 도리어 교양수업이 축소되는 상황이니 페미니즘의 확장을 어떻게 꾀할 수 있을지 고민입니다. 경쟁주의적·시장주의적 환경에서 대학이 본연의 가치를 유지하기 어려운 상황에 놓여 있다는 생각이 듭니다.

엄혜진　　대학 순위 평가가 지금과 같은 경쟁주의적 현실에 일조한 면을 무시할 수 없습니다. 가령 대학에서 글로벌 거버넌스 구축을 위한 구색 맞추기 용으로만 수업을 만들고 있다는 점도 큰 문제예요. 교수가 젠더 관련 교양과목을 하나 늘리려 하면 학교에서는 새로운 수업을 개발하기보다 계량화된 평가

지표에 맞춰서 꾸리도록 합니다. 유엔이나 유네스코 같은 국제기구 평가의 중요한 지표가 '지속가능성'이고 거기엔 젠더도 포함되니까, 수업을 그 기준에 순치시키는 방식으로 꾸리게 하는 거예요. 아주 오래전의 커리큘럼으로 '글로벌 제3세계 여성 빈곤'을 다루게 하는 식이죠.

김현미 　오늘날 한국 대학이 계속 추구하는 게 세계화 globalization 이고, 이를 위해 ─ 그리고 대학의 재정적 어려움을 타개하기 위한 방편으로도 ─ 유학생들을 대거 입학시키고 있습니다. 하지만 그런다고 해서 인종·종교·젠더의 다양성 지표가 저절로 올라가지는 않거든요. 한국 대학에는 문화적 다양성에 대한 포용력이 별로 없어요. 한국에 오는 유학생들은 한류의 영향을 받아 한국학을 하고 싶어하고, 젠더나 섹슈얼리티 문제에도 흥미가 굉장히 많습니다. 그런데 우리 대학은 이런 이야기를 나누는 데 익숙하지 않아요. 특히 지금은 '침묵의 수업'이라고 할 만큼 논쟁이 사라졌잖아요. 사회에서는 이대남/이대녀 젠더갈등 프레임을, 국가에서는 정책적으로 양성평등 프레임을, 보수 우파들은 동성애 찬반 프레임을 너무 강화해놓았기 때문에 여성학 수업에서마저 논쟁의 방법론을 잃어버렸어요. 1학년 대상으로 젠더와 인권 관련 온라인 수업을 하는데 보수 기독교 일각에서 동성애 옹호라며 항의해오는 실정입니다. 페미니즘은 이런 프레임을 타개하는 분석 범주인데, 이 세가지 프레임에 의해 협공을 받고 있어요. 이대로라면 한국 대학이 정말 자멸의 길로 가는 거라고 생각합니다.

백영경 　진짜 '세계화', 세계적 경쟁력에는 페미니즘이 필요하다는 말씀으로 이해됩니다. 최근 해외 흐름을 보면 소위 '명문' 대학일수록 젠더 문제나 탈식민, 기후위기 같은 현실세계의 문제를 적극적으로 다루는 경향이 큽니다. 지난 억압의 역사와 어떻게 단절할지 물으며 새로운 세계인식을 만들어가는 것이 대학의 진정한 경쟁력이 아닐까, 그런 면에서 페미니즘의 관점이 여전히 중요하다는 생각입니다.

페미니즘 교육, 이제는 달라져야 한다

백영경   방향을 조금 돌려 페미니즘 지식 생산에 관한 문제도 이야기 나누어보고 싶습니다. 학생들이 이런 얘기를 하더라고요. 온라인으로 받는 성폭력 예방 및 양성평등 교육과 여성학 수업의 내용이 거기서 거기라는 거예요. 심지어 온라인 예방교육은 수요에 부응하기 위해 매년 갱신되고 나아지기도 하는데, 강의실에서의 수업은 그만큼도 못 쫓아가는 일이 생기기도 합니다. 우리가 청년 여성들의 필요에 제대로 부응했는지 점검해보아야 할 시점 같습니다.

엄혜진   제가 '젠더교육연구소 이제IGE'를 만들게 된 계기이기도 합니다. 중고등학교에서 하는 '엄마는 밥하는 사람이 아니다' 식의 초보적인 성별 고정관념 깨기 프로그램을 대학 여성학 강의에서도 똑같이 하고 있어 정말 깜짝 놀랐어요. 한국에서 페미니즘이 발전해오며 축적된 지식 성과가 있는데, 그게 제대로 환류되고 있지 않다는 생각이 들었습니다. 더구나 페미니즘 교육을 계속해온 만큼 사회도 어느정도 진전되어왔잖아요. 그런데도 교육은 학습자들의 의식이 이미 고양되어 있다는 점을 고려하지 않고, 그들의 요구를 전혀 충족시키지 못하는 방식으로 이루어지고 있습니다. 페미니즘 강좌가 기초별·심화별로 분화되지 않고, 늘 기초적 수준을 유지하며 누적되어온 문제도 크고요.

강이수   저 역시 여성학 강의에서 변화하는 지형을 제대로 반영해왔는가 하는 반성이 필요한 때라고 생각합니다. 어쩌다보니 제가 여성학 제도화의 초기부터 지켜봐온 사람이 된 것 같은데요. 1980년대 후반에 어느 대학에 여성학 강의를 갔더니 교수가 저한테 '신사임당의 부덕에 대해 잘 가르쳐달라'고 하더라고요.(웃음) 어이가 없었지만 두 학기 동안 열심히 강의를 했더니, 이후에 학생들이 꼭 들어야 할 과목 10개를 대자보로 게시하면서 제 수업도 꼽았어요. 그만큼 페미니즘에 대한 학생들의 열기가 굉장히 뜨거웠고 보람이 있었던 시기입니다. 그런데 지금 수업을 하면 분위기가 많이 다릅니다. 특히 1990년대엔 여성학 강의를 하면 여학생들이 압도적으로 많았던 반면에 2000년대 들어서는 남학생들도 꽤 많아졌어요. 그런데 남학생도 강의에 만족을 못하고, 여학생도 수업에서 더이상 발화하지 않으려고 합니다. 단지 20대 남성의 보수화만 논할 게 아니라, 그들이 강의를 통해 듣고 싶었던 이야기를 준비하지 못한 채 우리가 똑같은 커리큘럼만 반복해온 게 아닌가 점검해봐야 해요.

엄혜진　　　제가 하는 '여성학 개론' 온라인 수업은 한 학기 수강생이 300명으로 그중 남학생도 꽤 많습니다. 그런데 남학생들의 소감이 저를 가슴 떨리게 만드는 순간이 있어요. '그동안 오해했는데 페미니즘이 이런 건 줄 몰랐다'라고 하거든요. 페미니즘이 우리 사회를 분석하는 하나의 도구일 수 있다는 것, 지적 체계를 가지고 있는 분석 틀이라는 것에 학생들이 놀라워하고 태도를 바꾸는 게 느껴집니다. 그런 면에서 모든 논란을 백래시로 보거나 '이대남이 문제' '일베가 문제'라는 쪽으로만 손쉽게 귀결시켜서는 안 된다고 생각합니다. 저는 개론 수업에서 젠더와 섹슈얼리티를 중심으로 한 페미니즘의 이론적 전개 과정을 다룹니다. 다른 학문과 여성학이 인간과 사회 해석을 둘러싸고 어떤 방식으로 긴장, 경합해왔으며 그 성과가 무엇인지, 그리고 현재는 어떤 방식으로 이에 접근하고 있는지를 살피는데, 이것만 해도 몇주 커리큘럼에 해당하죠. 실제 학생들이 요구하는 여성학 수업은 개념에 대한 다층적인 이해, 여성학의 학문적 체계와 역사 같은 것이라고 봅니다.

백영경　　　말씀에 동의하는 한편으로 청년 여성들은 좀더 구체적인 차원에서 달라진 현실과 변화하는 지형에 대한 담론을 요구하고 있는 것 같습니다. 페미니즘이 최근의 젠더경험 변화에 학술적으로 잘 개입해왔다고 보시는지요? 만약 그렇지 않다면 앞으로 어떤 점을 살펴봐야 할까요?

엄혜진　　　　지난 20여년간 젠더 관계에 실제 변동이 있었습니다. 이걸 페미니즘이 어떤 방식으로 포착하고 해석해서 이른바 사회정의의 문제로 제기할 것인지 진지하게 검토해야 합니다. 요즘 개인적으로는 '구조적 성차별은 없다'라는 백래시의 대표 기표를 어떻게 바라보고 대응해야 할지가 최대 화두입니다. 우리는 그 말에 흔히 '구조적 성차별은 있다'라고 맞서왔어요. 구조적 성차별은 물론 있지만, 그에 대한 논의를 계속 '있다/없다' 프레임 안에서 해야 할 것인지 고민이 듭니다. 구조적 성차별의 형식도, 그걸 경험하는 방식도 지금은 달라졌습니다. 여성이 자기 삶을 기획하는 방식이 달라졌고, 오늘날의 성차별도 과거처럼 아주 가시적·노골적인 방식이 아니게 되었어요. 단순하게 표현하면 여성들은 남자처럼도 살아야 하고 여자처럼도 살아야 하는 동시적 과제를 수행하느라 고군분투하고 있습니다. 남성과 똑같이 신자유주의적 능력주의의 주체로 호명되면서도, 가령 여성과 남성이 어떻게 평등한 성적 관계를 맺을 것인가 하는 섹슈얼리티 관련 규범은 그대로거든요. 성별 고정관념의 해체 속도는 무척 빠르지만, 섹슈얼리티는 여성 개개인이 스스로 관리해야 하는 영역으로 떠넘겨집니다. 여성은 성적 주체보다 대상으로 머무는 게 당연하다고 여겨지고요. 이 간극에 우리가 개입해야 합니다.

김현미　　　　우리나라가 고학력화되고 경제 수준도 높아지면서 딸을 차별하지 않는 구조가 이미 되어버렸어요. 한동안은 딸의 약진에 감동하는 기성세대들이 '딸바보'라는 개념으로 자기고백을 할 정도였으니까요. 그런데 이 약진이 청년 여성 당사자 입장에서는 단순히 '공부 잘하는 딸'을 넘어서는 것이고, 자기 커리어를 쌓으며 비혼 혹은 결혼 연기延期를 통해 사적 가부장을 갖지 않기로 선언하는 데까지 나아갔습니다. 가부장제는 사적 영역의 통치가 공적 영역의 통치와 접목될 때 가장 강력한 힘을 발휘하는데 여성들이 결혼도 출산도 하지 않기로 마음먹게 된 거죠. 저는 지금이 우리가 익히 알고 있던 전통적인 젠더가 무너지고 새로운 방식의 젠더가 태동해야 하는 전환기라고 봐요. 전환기로서 겪는 진통도 큽니다. 여성들은 능력주의의 주체로 호명되었음에도 독립적인 생계를 꾸릴 노동시장 기반이 만들어지지 않는다는 점에 분노하고, 남성들은 그간 당연시해온 사적 가부장의 지위를 갖지 못하자 여성들을 소유하고 장악한다는 느낌을 갖기 위해 여성들을 성적 객체화하고 있어요. 폭력적인 성애화가 남성들의 방어전략으로 너무 커버린 거죠.

강이수   그럴수록 좀 다르게 볼 필요가 있다고 생각하는데, 우리가 구조적 성차별이 있다고 말할 때도 정작 그 구체성에 대한 분석은 굉장히 부족하지 않았는가 합니다. 특히 2000년대 이후 글로벌 차원에서 경제적 불평등이 심화되고, 임금뿐 아니라 자산과 금융자본의 격차도 커지면서 청년 여성과 남성이 모두 구조적 불평등에 공통적으로 놓이게 된 면을 고려해야 합니다. 또 페미니즘이 2030 여성들의 분노로 표출되고 있지만, 아직도 굉장히 열악한 환경에서 일하는 4050 여성들이 있고요. 우리가 언젠가부터 그런 여성 내부의 차이에 주목하지 않게 되면서 사회구조적 문제에 대한 인식도 협소해진 것 같습니다. 이제는 거기서부터 다시 구체적 지점들을 만들어나갔으면 합니다. 또 한가지 짚어보고 싶은 건, 과거에는 여성연구회나 '또하나의문화'처럼 논쟁과 토론의 장이 있었어요. 요즘 20대 여성들은 온라인 네트워크를 통해 열정적으로 발화하고 대학에서도 페미니즘을 배우지만, 지속적이고 안정적인 논의의 장은 부족한 것 같습니다. 고양된 정서와 지식을 바탕으로 토론하고 연대하며 다음 단계로 나아갈 수 있어야 하는데, 그런 공간이 없어요. 대학도 그런 곳이 못 되어주고 있고요.

백영경   최근 페미니즘 운동에서 20대 여성의 참여가 두드러지고, 이들의 활약과 주도로 ─ 주로 SNS를 중심으로 ─ 페미니즘 내부의 논쟁이 활발했던 것도 사실입니다. 그러나 모든 청년들이 대학생도 아니고 대학생을 단순히 '청년'으로 환원하는 것 역시 문제가 있습니다. 페미니즘이 다뤄야 할 의제는 물론 페미니스트에 대한 우리의 상像도 대학생 내부의 차이, 청년 내부의 차이, 여성 내부의 차이를 담아내지 못했다는 반성이 듭니다.

김현미 트위터 등 SNS에서 진행되는 페미니즘 논의는 전선을 선명하게 형성해주는 담론을 통해 그 참여자들로 하여금 즉각적인 동시대성을 느끼게 하지만, 아무래도 그것만으로는 다음 단계로 향해 가는 데 한계가 있습니다. 대학에서 여성학을 공부하고 동아리·위원회 활동을 하는 학생들의 경우, 대학에서의 경험과 트위터 페미니즘을 어떻게 결합해야 할지 힘들어하는 상황입니다. 더군다나 사회에서는 양쪽을 다 '마녀'로 취급하며 표적으로 삼잖아요. 이건 정말 우리 사회의 보수화가 만들어낸 질식할 만한 환경이라고 봅니다. 저는 '젠더갈등'이라는 말을 누가 퍼뜨렸느냐에 대해서도 혐의를 갖고 있습니다. 페미니즘은 개념적 명명체계를 아주 정교하게 발달시켜왔기 때문에 쉽게 젠더갈등이라는 말을 쓰지 않아요. 젠더불평등이나 젠더기반폭력이라고 하죠. 그런데 어느 순간 정치권에서 이대남에 주목하고 젠더갈등 운운하면서 또다른 불평등을 은폐하고 있습니다. 세대 간 불평등 문제, 부의 불평등한 분배 문제 등은 싹 달아났어요. 이렇게 담론의 지형을 바꾸고 유지해나가는 데 누가 기여하고 있는가, 그로인해 누가 이익을 보고 있는가, 하는 질문도 페미니스트들이 던져야 합니다. 게다가 20대 남성이 그렇게 중요한 존재라면, 이들의 미래를 위해서도 성평등 인식이 필수적이라고 설득해야 되지 않겠어요?

엄혜진 주류 정치가 젠더갈등 담론을 정치 자원으로 활용했다는 데 동의하고, 모든 불평등을 젠더 관계로 치환하는 것도 문제지만, 젠더라는 축이 오늘날 사회변화의 중심축이 되었다는 점은 부인할 수 없다고 생각합니다. 우리 사회 갈등의 핵심에 젠더 관계의 변화가 있는 거죠. 저는 '여성혐오'라는 말이 부상해온 것도 일종의 징후처럼 느껴집니다. '구조적 성차별'이라는 말로 포획되지 않는 경험들이 생겨나면서 여성혐오라는 말이 정치화되고 힘을 얻은 거잖아요. 최근에는 신당역 살인사건(불법촬영과 스토킹 폭력을 지속해온 남성이 상대 여성을 살해한 사건)을 두고서도 그것이 여성혐오 사건이냐 젠더폭력 사건이냐 하는 논쟁이 오가더라고요. 현재적 사건들을 무엇이라고 정의하느냐를 둘러싸고 여러 곤란과 곤궁이 있는 거고, 페미니즘 교육의 임무는 그 사안을 해석할 인식 틀을 제대로 제공하는 일이라 생각합니다.

강이수　　　강의실에서 보면 지금 20대 남녀들은 예전 세대들에 비해서는 정말 많이 달라졌어요. 스스로를 페미니스트로 인식하든 안 하든 여학생들은 성평등에 대한 인식 수준이 굉장히 높고, 남학생들 역시 젠더갈등의 프레임에 가려져서 그렇지 과거의 남성과는 다른 성평등 인식을 갖고 있다는 생각이 듭니다. 이들이 따로 또 같이 목소리를 낼 수 있는 길을 찾지 못하고 있지만, 저는 여전히 희망적으로 보려고 합니다. '이대남' 프레임에서 벗어나 남성의 목소리를 소환해보기도 하고, 여학생들이 이미 도달한 지점에서 더 나아갈 수 있는 부분을 제시해주기도 하면서 사회를 젠더정의의 관점으로 바라보게끔 하는 달라진 교육이 필요합니다. 이런 것들이 이루어지면 지금과는 다른 문화를 만들 수 있다, 그런 가능성이 전혀 읽히지 않는 것은 아니다 말씀드리고 싶습니다.

대학개혁, 어디서부터 어떻게 개입할 것인가

백영경　　　페미니즘 지식이 여성학 강의에 녹아들지 못한 한계, 구조적 성차별을 말해왔지만 구체적 지식 생산은 부족했던 점, 최근의 젠더경험 변화에 학술적으로 개입하지 못했던 아쉬움 등 반성적인 차원에서 여러 이야기를 해주셨습니다. 페미니즘이 더 쓸모있는 지식이 되기 위해 갱신되어야 할 바가 적지 않다는 생각이 듭니다. 그런데 이런 시도가 대학 안에서 그냥 이루어질 수 있다고 보이진 않는데요. 교육정책이나 대학의 행정은 어떻게 달라져야 할까요?

김현미   21세기에 들어설 때 '3F'(여성female, 감성feeling, 허구fiction. 미래학자 존 나이스비트 John Naisbitt가 여성의 창의성과 잠재력을 강조하며 21세기를 '3F의 시대'로 정의하면서 주목받은 개념)다, '알파걸'이다 하면서 대학이 '여성 인력 개발'이라는 이름으로 나름대로 달라지려 한 시기도 있었지만, 지금은 대학 서열을 높이는 데만 치중하고 있습니다. 의미있는 변혁에 시간과 자원을 투자하기보다는 '빠른 해결책'을 통해 랭킹을 높이는 노하우를 발견한 거겠지요. 그러나 구성원의 사회적·문화적 역량은 계속 떨어지는데 대학 순위만 오르면 뭐 하나요. 자신의 일터이자 지역사회의 중심지인 대학에서 구성원들이 소속감을 느끼지 못하며 활력이 떨어지고 있는 게 큰 문제입니다. 그런 면에서 대학도 달라져야 합니다. 학생, 교수, 직원, 교내 노동자 모두 젠더화된 존재라는 점을 인식하고, 중산층과 중년 남성만을 기준으로 운영해온 기존 관행들이 복잡한 문제해결이나 구성원의 역량강화를 이뤄내는 데 분명 한계가 있다는 것을 인정하면서 좀더 개방적인 실험들을 해나가야 해요. 저는 이때 총장의 책무성이 무엇보다 중요하다고 봅니다. 어떤 종류의 성폭력이든 비관용 원칙을 취하고, 학교 홈페이지나 홍보물에도 성평등 원칙을 명기하고, 석·박사 대학원생들이 학업과 돌봄을 병행할 수 있도록 제도를 개선하며, 고무적인 사례들을 배우고 인용하면서 리더십을 발휘해야 합니다. 미국 대학처럼 하계·동계 워크숍을 열고 젠더와 문화다양성 관점으로 강의안을 재설계하는 수업 개발 인센티브도 주는 등 여러 방식으로 교수들을 독려해야 하며, 성평등 교육과 환경을 구성하는 데 학교 예산을 할당해놓아야 합니다. 잘 모르면 학내의 전문가에게 도움을 요청하고 그의 견해를 청취하는 노력도 기울여야 하고요.

강이수   대학개혁, 특히 페미니즘에 기반한 성평등 교육의 장으로 대학을 개혁하는 일이 쉽지는 않지만 멈추어져서도 안 된다고 생각합니다. 정치세력의 젠더갈등 부추김, 혐오 확산, 백래시 등으로 지금 여성들이 매우 위축된 상황이기는 하지만, 여러 움직임은 계속되고 있습니다. 이전보다 덜 가시적일지는 몰라도 여전히 다양한 차원과 형태로 활동이 이루어지고 있어요. 가령 한국여성학회는 지난 10월, 여성가족부 폐지에 대한 학문적 차원의 논평(「여성 살인사건에 대한 미온적 대응에서 여성가족부 폐지 기획에 이르기까지 성평등을 향한 정치적 책임을 회피하는 정치를 비판한다」)을 발표하며 실천적인 목소리를 냈고, 이를 계기로 여성학자들이 다시 연대하는 움직임도 만들어지고 있습니다. 저는 사회적 문제에 대한 대응력이 페미니즘의 새로운 문제의식을 발흥시키는 측면도 있다고 생각합니다. 사회환경적 맥락이 대학 내 페미니즘에 영향을 줄 수도 있고, 대학 내 페미니즘이 다시 정치적·경제적·사회적 맥락을 변화시킬 수도 있겠죠. 페미니즘이 우리 사회의 경제·정치·사회·시민사회 등 여러 영역에서 성평등을 견지하는 대응력을 키워나간다면, 이와 영향을 주고받으며 대학 내에서 페미니스트들도 새로운 움직임을 만들어볼 수 있을 겁니다.

엄혜진   대학에 있는 페미니스트들이 '대학을 향해' 제대로 된 목소리를 내는 게 무엇보다 중요하다고 생각합니다. 지금까지는 학생들을 통해 하려던 바가 많았어요. 가령 페미니즘 리부트 초기에 시니어 페미니스트 그룹이 왜 본인들이 주체가 되어야 할 운동은 안 하고, 20대 페미니스트에 동조하는 포지션으로만 개입하는가 싶기도 했습니다. 학생 사회에서 일어나는 문제에 대해 어떻게 서포트해줄 것인가를 고민하는 시기는 이미 지났다고 봐요. 학생들이 자기 공동체를 만들어나가는 방식도 굉장히 변했기 때문에 과거 양심적인 지식인에게 의존해 운동권문화가 만들어지던 시절하고는 다릅니다. 여기서 한가지 덧붙이고 싶은 게, 여성 교수들이 대학을 페미니즘적 시각에서 개혁하는 데 어떤 활약을 해왔는가, 하는 점인데 저는 그 역사를 확인하기 어렵다는 생각이 듭니다. 많은 페미니스트 교수들이 민주화운동에 참여했고 여러 투쟁에서 활약했지만 대학을 향해서, 대학 내부에서 페미니즘적 개혁을 위한 목소리를 내본 것은 얼마나 될까요? 민교협(민주평등사회를 위한 전국 교수연구자협의회)만 봐도 남성 정교수 위주로 꾸려져왔잖아요. 더욱이 지금 페미니스트들은 하나의 동질적 집단이라기보다 중층적으로 존재하고 있기 때문에 각자가 자기 위치에서 개혁과제를 창출하는 게 중요합니다. 대학을 더 성평등하게 만들기 위해 나는 무엇을 할 것이냐, 이를테면 성평등기구를 어떻게 혁신할 것이냐 하는 문제를 얘기할 수 있어야 한다는 거죠.

김현미　　　페미니즘 리부트 때 많은 시니어들이 고양되고 그에 편승한 바가 있다는 점에 공감합니다. 권위를 통해 20대 페미니스트들의 언어를 확인시켜주고 그들의 싸움을 지지하는 방식으로, 누구를 밀어내고 누구를 당기는 줄다리기처럼 되어버렸죠. 그런데 여성학 교수는 학내에선 교육자이지만, 밖에서는 가부장적 사회에 맞서야 하는 개인 페미니스트이기도 하잖아요. 학교 안과 밖에서 다 활동해야 하는데, 한줌의 페미니스트가 다중적 역할을 맡다보니 참여의 현장이라는 게 내 강의실부터 글로벌 사회까지 다 뻗쳐 있게 됩니다. 바깥 사회의 갖가지 사안에 계속 개입하고 싸우느라 정작 대학 내부의 투쟁에 임해선 이미 소진되어 있는 경우도 많고요. 특히 여성학자들은 20~30년에 걸쳐 오랫동안 연구를 진행했어도 다른 교수들과 위치가 너무 다릅니다. 저만 해도 문화인류학자로 소개하는 게 훨씬 좋은 평판을 얻지 페미니스트로 소개하면 마치 학문적 역량이 떨어지거나 비전문가처럼 받아들여집니다.

엄혜진　　　개개인으로 싸우기 어려운 현실이라면 여성학회나 페미니즘 공동체를 통해 집합적인 기획을 도모해볼 수 있지 않을까요?

김현미　　　국내외 대학 평가지표에 '성평등'과 '사회적 연대 역량의 강화'라는 구체적·실천적 항목이 들어가면 변화가 생길 수 있을 것 같습니다. 페미니스트 연구자들이 실직적인 기준과 항목을 만드는 데 힘을 모아야 하고, 함께 해나갈 수 있는 부분입니다. 공동 모니터링을 통해 페미니스트가 대학에 개입하는 진입로를 열어갈 필요가 있고, 공인된 성평등 대학 평가지표를 만들어내는 일도 중요하다고 생각합니다. 이를 위해서는 교육부나 한국대학교육협의회의 책임감이 필요합니다. 그런데 저에게 있어 '대학을 나의 현장으로 가져간다는 게 무슨 의미일까'를 다시금 고민하면, 그 시선이 학생에게 향하는 것도 사실입니다. 페미니즘은 기득권, 중심성, 보편주의가 아닌 '주변에서 보는 인식론'으로, 사회가 가장 바닥을 치고 있을 때도 미래 비전과 대안을 제공할 수 있는 학문입니다. 페미니즘을 강의한다는 것, 페미니스트 학자를 키운다는 게 저의 자존감과 성취의 기반이 되어왔고 제가 가장 잘해낼 수 있는 분야이기도 합니다. 그래서 강의실을 인식론적 전환의 현장으로 다시 활성화시키는 것이 지금 제 일차적 목표예요. 학생들이 젠더 문제의 당사자로서 강의실에서 모종의 통찰을 얻고 관점을 갖추어서 사회에 나가면, NGO, 기업과 미디어, 정치권으로 진출하면 사회가 달라질 수 있다는 데서 희망을 찾고 싶습니다.

강이수　　　강의실을 현장으로 재활성화시켜야 한다는 데 동의합니다. 저는 주로 여성노동 쪽 강의를 해왔는데, 전에는 사회구조적 문제와 젠더의 문제에 대해 더 정밀하고 객관적인 분석을 해줄수록 학생들이 많이 설득될 거라고 봤어요. 그런데 이제는 그렇게 교양강의를 하면 학생들이 너무 일방적이라고 느끼며 거부감부터 갖습니다. 교양강의를 어떻게 갱신할지 고민이 드는 지점인데, 동시에 전공 과정에서 페미니즘 관련 과목이 좀더 많아져야 한다는 문제의식이 생겼습니다. 우리가 그동안 이에 대해 별로 신경써오지 못했고 개입해오지 못했다는 반성이 드는 거죠. 제 소속이 문화콘텐츠학과인데, 전공수업에서 여성 문화콘텐츠 기획을 하라는 과제를 내면 학생들이 정말 다양한 접근법을 보여줘요. 전공수업 내에서 학생이 직접 정보를 찾고 문제를 인식하고 학습할 때 젠더교육의 효과가 훨씬 높아집니다.

김현미　　　잘 모르는 영역에 대해서는 어떠한 접근법으로 젠더 관점의 수업을 해야 할지 겁이 나는 경우도 있을 겁니다. 저 또한 그렇고요. 그런데 더 많은 지식, 사례와 해석은 학생들이 가지고 있어요. 학생들의 주도적·능동적인 참여를 이끌면서, 우리 자신도 세상에 대한 정답이나 유일한 해석을 주는 사람이어야 한다는 강박으로부터 좀 자유로워질 필요가 있을 겁니다.

강이수   그 문제를 좀더 깊이 들여다보면 특히 이공계, IT 계열에 젠더 관련 전공수업이 늘어나도록 개입해야 합니다. 지금 사회가 디지털전환을 향해 가고 있고, 앞으로 일자리도 거기서 창출될 것이잖아요. 그런데 이공계 전공은 여성 친화적이지 않다고 여겨지고 여성 전공자의 수도 부족합니다. 여성들이 그 영역에서 굉장히 열악한 상태에 있어요. 우리가 이를 넋 놓고 보고만 있을 게 아니라 다른 방식으로도 접근해봐야 합니다. 가령 문학작품을 읽고 기억시키는 교육을 할 때도 남학생과 여학생이 다르다고 해요. 여학생은 어느 대목에서 주인공의 심리가 어땠을까 물을 때 작품을 잘 기억해내고, 남학생은 어느 장면에서 등장한 섬의 지도를 그리라고 할 때 더 잘 기억해내더라는 거죠. 이런 방식으로 IT와 디지털 교육에서 여성 친화적인 방법론이 구체적으로 제시될 필요가 있습니다. 디지털전환에 여성과 남성이 함께 가지 못하면 그동안 진보해온 성평등 지점이 다시 후퇴할 수 있습니다.

백영경   제주대를 포함해서 여러 대학이 WISET(한국여성과학기술인육성재단)의 지원을 받아서 이공계 여학생 지원 프로그램을 운영하고 있습니다. 학교마다 편차는 있지만, 남자 교수들 중에도 공대 커리큘럼에 젠더를 통합하려는 노력을 기울이는 경우도 보았어요. 이런 움직임이 더 활발해져야겠지요.

대학과 페미니즘, 상생의 선순환을 위해

백영경   이제 얘기를 마무리해야 할 시점입니다. 대학이라는 공간에서 교수자가 제일 중요한 사람이라고 할 수는 없지만, 현실적으로 많은 결정권을 행사한다는 면에서 대학의 구조와 성격을 바꾸는 데 책임이 있다고 봐요. 특히 한국사회 전반의 보수화와 대학의 보수화가 맞물려 있기도 하기 때문에 대학을 페미니즘 관점으로 개혁해나가는 노력이 더욱 긴요해졌습니다. 마지막으로 한마디씩 강조해주실 말씀이 있다면 부탁드립니다.

김현미　　　　대학은 기업이 아니기 때문에 자본주의 사회의 경쟁 시스템에서 얼마간은 구성원을 보호하며 모든 가능성을 탐색해보고, 다양한 차이가 있는 구성원 간의 상호 교류와 전문적 성장을 독려할 수 있는 공적 영역이어야 합니다. 지금 그게 잘되지 않기 때문에 페미니즘이 더욱 중요하다고 생각해요. 페미니즘은 현재가 불평등하더라도 그 구성원들이 서로 교육하고 토론하고 연대하면 달라질 것이라는 가능성에 투자하는 학문이니까요. 특히 사회변혁은 기득권 세력이 아닌 주변부로부터 나옵니다. 지금 같은 전환기에 그 주변부의 당사자가 누구일까, 저는 대학원에서 연구하거나 제 수업에 앉아 있는 '우울한 여성과 남성 들'이라고 봅니다. 페미니즘 리부트 때 고양되었던 20대 여성들도 지금은 다시 우울한 얼굴로 수업에 들어와 있어요. 그 우울은 자기 몫을 빼앗겼다고 분노하는 우울이 아니라, 앞으로 어떤 미래에서 어떻게 살아가야 할지를 고민하는 역량 있는 주체의 모습입니다. 남학생들의 우울 역시 '난 이대남도 아니고 기성세대처럼 살고 싶지 않다'고 생각하지만 새로운 남성성을 구성하는 데 필요한 자원과 자신감이 부족해서 생긴 거라고 생각합니다. 그래서 저는 페미니즘 지식이 이들에게 어떤 통찰력을 줄 것인가, 미래와 새로운 관계성에 대한 어떤 상상력을 줘야 하는가가 관건이라고 봅니다. 그리고 대학은 위기감을 가져야 한다고 강조하고 싶습니다. 한국사회에서 대학 교육은 오랫동안 초부가가치로 일종의 특권적 위치를 갖게 됐어요. 그러니 주변부에서의 비판적 관점, 페미니즘과는 체질적으로 맞지가 않았고, 대학은 비판이 오면 방어하느라 바쁘거나 아니면 아예 무시하는 데 익숙해져왔습니다. 이제 대학은 반드시 경각심을 가져야 합니다.

엄혜진　　　지금 학령인구가 감소하고 지역 간 격차도 커지고, 학벌 위계는 더 강화되고 있어요. 학생 교수 할 것 없이 모든 대학 구성원들의 젠더경험도 굉장히 다양해지고 있습니다. 이런 다층적인 차원이 얽히다보니 가령 지방대의 여학생은 생존이 더 어려워지는 식으로 문제가 드러나고 있어요. 이제 대학은 과거와 같은 엘리트교육이 아닌 대중교육 공간인데, 이 대학이라는 사회를 우리가 어떻게 경험하고 있는지 페미니즘 관점에서 계속 분석하고 공유해야 한다는 과제를 얻었다고 생각합니다.

강이수　　　위기와 어려움에 대해 많이 얘기해주셨으니 저는 희망으로 끝맺을까 합니다. 앞으로의 사회변화에서 성평등의 가치는 결코 후퇴할 수 없다, 단지 상황에 따라 흔들리고 있을 뿐이다, 이 말씀을 저는 꼭 드리고 싶어요. 앞으로도 대학은 페미니즘 지식의 생산지일 것이고, 깊은 고민들이 더해지고 다양한 지식들이 축적되면 아마 지금의 학생들은 또다른 방식으로 성평등의 문을 열어가리라는 기대를 저는 여전히 하고 있습니다.

백영경　　　대학 바깥에서 페미니즘이 많이 논의되고 있지만, 페미니즘 지식의 생산과 논의와 교육의 장이라고 하면 여전히 대학이 중심이 될 수밖에 없다는 말씀이 깊이 와닿습니다. 그런 공간으로서 대학이 여전히 의미가 있다는 점을 우리 스스로도 잊지 말아야겠습니다. 또 페미니즘 리부트 이후 우리가 선명한 주체에 더 주목해왔던 편인데, 강의실의 우울한 여성들과 남성들에게 주목해야 한다는 말씀도 인상 깊습니다. 선명하지 않은 문제에 천착하고 이를 통해 새로운 상상력과 실천을 길어 올릴 수 있는 공간으로서 대학을 만들어가는 것이 중요합니다. 앞으로 함께 노력해보자는 다짐으로 오늘 대화를 마무리하도록 하겠습니다.

(2022. 10. 23. 창비서교빌딩)

학생 '니즈'라는 문제 설정

대학 교양교육으로서의 페미니즘

김민정

1. 내가 여성학 강사라니(feat. 인성과 융복)

2020년 봄, 서울에서 멀고 먼 지역의 한 국립대 강사로 지원했다. 강의명은 '여성학'. 2학점 교양과목, 중분류는 '전인교양', 소분류는 '인성과 융복'. 인성? 페미니즘을 알면 인성이 좋아지나? 내가 아는 몇몇 인성이 좋지 않은 페미니스트가 떠올라 슬며시 웃음이 난다. '인성'이 뜻하는 바가 '성품'이 아니라 '인간의 성질'이라면, 사회적으로 이분화되어 체화된 성을 인간 고유의 본질로 이해하는 주류 사회와 학문에 대한 비판의식이 바로 여성학의 토대인 만큼 '인성'과 여성학의 불화, 저항, 교섭의 역사로 이 둘 간의 관계가 연결될 수 있겠다며 스스로를 납득시켜본다.

'융복'과 여성학의 관계는 더 난해하다. 나는 성별, 인종을 포함한 계급을 다양한 학문적 배경을 바탕으로 탐구하는 여성학이 대표적인 융복합 학문이라고 생각한다. 그런데 융복합 '학문'이 아니라 교과과정에서의 융복합 '교육'을 이야기할 때, 융복합이란 단어는 종종 창의성, 융통성, 사회성, 사고력을 골고루 '얕게' 갖춘 신자유주의 고용시장의 '미래 인재' 육성 계획의 일환으로 여겨진다. 흥미로웠던 점은 소위 돈 되고 잘나가는 미래지향적 학문에 포함되지 못해 2000년대 이르러 인문학, 순수과학과 함께 그 강좌 수가 급격히 줄어들었던 여성학이 융복합, 더구나 '융복합 교양'에 속해 있다는 것이다.

여성학 강사 되기에 진심인 만큼 성실히 지원서를 준비하다 '인성과 융복'이라는 범주 내 페미니즘의 위치가 공교롭게도 페미니즘 인식론의 토대와 대학 내 여성학 교육 역사의 혼란스러운 지형을 보여주는 듯하여 생각이 많아진다. 어쩌면 내가 지원하는 이 대학이 남다른 대학일 수도 있다. 여성학 관련 수업이 줄줄이 폐강되고 총여학생회가 배척당하던 기간 동안 비록 단 하나지만 폐강되지 않고 매학기 '여성학'이라는 이름의 강의가 개설된 곳이니. 아니면, 그냥 여성학을 어느 범주에 넣을지 몰라 어쩌다 '인성과 융복'에 포함시킨 '사건'을 내가 과하게 해석하고 있는지도 모른다. 뭐든 좋으니 나 말고 다른 지원자가 없기를 바라며, 의식의 흐름을 갈무리한다.

합격 소식이 전해오고 기쁘게도 강사 계약을 맺게 되었다. 내가 '여성학 강사'라니! '여성학 강사' 타이틀이 이토록 벅차게 다가오는 이유는 두가지였다. 지역 대학에서 페미니즘 강의, 하물며 그 이름이 '여성학'인 강의를 맡게 된 것. 그리고 뒤늦게 여성학에 입문한 내가 강사가 됨으로써 젠더 연구자로서의 자격을 인정받은 것 같은 뿌듯함.

2. '지방대'에도 페미니즘이 있어?

대학생이라고 누구에게나 학교에서 페미니즘을 배울 수 있는 기회가 주어지지는 않는다. 20대에 이루어지는 페미니즘에 대한 배움은 그 기회조차 대학 서열로 계급화되어 있다. 2019~20년 수행된 연구 프로젝트를 통해 대학 내 '성性' 관련 강의의 수와 성격을 조사한 결과, 성평등 및 인권 관련 수업은 서울 지역의 규모가 큰 4년제 종합대학 또는 일부 지방 국립대에서 집중적으로 개설되었다. 서울 외 지역 대학, 규모가 작은 대학, 교육대학, 단과대학에서는 이러한 수업을 찾아보기 어려웠다.[1]

전국의 약 50%의 대학에서 '성' 관련 강의가 개설되기는 하지만 성평등과 거리가 먼 경우가 비일비재하다.[2] 어느 대학에서는 여전히 '여성의 품성' '여성의 진로' 등의 강의를 개설하여 성 위계적 사회에 더 잘 적응하고 기능할 수 있는 여성을 길러낸다. 많은 대학에서 '예비부모 교육' '행복한 가족 만들기' 등 이성애 중심주의, 정상가족 이데올로기를 강화하는 강의가 지속된다. 그 예로, 모 대학에서 2019년 개설된 한 강의는 강의소개서에 "가정은 남자와 여자의 성숙된 만남을 바탕으로 이루어지며 행복한 가정은 건강한 사회와 우리 자신의 성공적인 인생에 필수적인 요소"라고 명시하며, 강의의 목표를 "미래 가정의 주인인 남녀 대학생들을 대상으로 사랑, 연애, 결혼, 부모 역할과 자녀관 등 가족관계에 대하여 남녀 간 서로 다른 관점에서 성찰"하는 것이라고 소개한다. 강의는 학술적 지식과 논거에 바탕을 두기보다 "전문가와 유명 인사들을 초빙하여 이들의 경험과 지혜를 나누"도록 구성되어 있다.[3]

'젠더' '여성' '성' 등의 용어가 강의명에 포함되어 있다 하더라도 정작 그 내용은 학계에서 이미 사장된 '성역할론'으로 채워진 강의 또한 다수 존재한다. 이러한 강의들은 언뜻 성평등을 지향하는 듯 보이지만 여성과 남성이 타고나길 사고, 표현, 역할, 영역 등이 다르니, 서로 다른 점을 이해하고 조화를 이루어야 한다고 말한다. 그럼으로써 사회 전반에서 드러나는 젠더 위계를 비가시화하고, 노동, 임금, 돌봄 영역의 명백한 성차를 구조적 성차별이 아니라 개인의 능력 문

1   이예담 「대학 내 여성학의 현황: 교과목에 대한 양적 분석을 중심으로」, 2019 차세대 페미니즘 연구-활동가 포럼 '대학 페미니즘 이어달리기: 총여학생회 폐지, 그 너머를 상상하라' 자료집, 2019.

2   한국사회에서 '페미니즘 수업' 찾기는 항상 어려운 과제였다. 1985년 한 "여성학" 수업에서는 "예절이나 심지어 일류대 남학생과의 결혼을 성사시킬 수 있는 방안"을 강의하였다(정세화·장필화 「여성학 교과과정 모형 개발을 위한 연구」, 『여성학논집』 2집, 1985). 2004년 한 대학의 "결혼" 관련 대규모 교양강의 수강 후 남학생들의 결혼관, 가족관, 사랑관, 성의식, 성역할 의식이 발전한 반면, 여학생들은 전통적 수준으로 하락하였다. 이에 대해 연구자들은 남학생과 여학생의 격차가 줄어들었다며, '결혼' 관련 수업의 긍정적인 효과를 강조하기도 했다(이숙희·전영주 「대학교양과정으로서 결혼준비교육의 성별에 따른 효과성 연구」, 『한국가정관리학회지』 22권 4호, 2004).

3   김민정 「'페미니즘 리부트' 이후 대학 내 '성(性)' 강의 지형 탐색」, 『한국여성철학』 33권, 2020, 24면.

제로 환원시킨다. 생식이나 성 윤리, 성병, 임신 등 성교육에 집중되어 있는 강의도 존재한다. 생물학적 차이가 사회적 권력 차이로 구조화되는 역사적·사회적 맥락을 중시하는 개념인 '젠더'를 단지 '성별'을 대신하는 '세련된' 용어로 사용하는 강의도 있다.

물론 '성'과 관련한 강의는 다양한 관점에서 이루어질 수 있다. 그러나 그러한 강의에서 '성'이 성평등이 아니라 성본질론에 기반을 둔 것이거나 평범한 여성이 아닌 남성주류사회에서 상징적 존재로서 성공한 여성을 통해 현 사회가 설명될 때 대학은 우리 사회의 젠더 불균형을 유지하고 강화한다. 2015년 이후 페미니즘에 대한 청년들의 관심이 커졌음에도 이같은 수요가 대학 내 페미니즘 강의의 공급으로 이어졌다고 보기는 어렵다. 이 시기 새로이 개설된 강의조차 '성' 또는 '여성'을 앞세운 강의명을 내걸고는 성차, 성역할론 등 기존의 케케묵은 남성중심적 '지식'의 권위로 페미니즘을 추구하는 이들을 소외시키거나 훈계했다.

'성' 강의가 성교육, 성차이, 성차별, 성평등 등으로 뒤죽박죽이 되는 이유 중 하나는 우리 사회가 성질, 섹스, 젠더, 섹슈얼리티 등의 상이한 개념을 '성性'이라는 하나의 용어로 뭉뚱그리기 때문이다. 그러다보니 학습한 것이 마치 타고난 것처럼 받아들여지고, 개인의 성격이 성차로 설명되며, 성폭력이 본능의 문제로 인식된다.

하지만 용어의 한계보다 더 중요한 문제는 '성' 강의가 이루어지는 대학 자체가 진리를 추구하는 평등하고 민주적인 장소가 아니라 오히려 남성 젠더 계급 특권과 헤게모니적 남성성에 의해 주요 의사결정이 좌우되는 젠더화된 조직이라는 점에 있다. 대학 구조와 운영의 남성중심성은 페미니즘 강의의 개설, 운영, 그리고 그 지속 여부에까지 차별적으로 영향을 미친다.

오늘날 대학의 수많은 '성' 관련 강의가 '성'을 전공하지 않은 교수에 의해 이루어지고 있다. 이런 상황에서 콘텐츠가 부족한 교수들이 정제된 지식을 제공하지 못하고 일부 여성의 성공 스토리를 나열하는 팀티칭, 인터넷 담론만 강화·재생산하는 그룹 토론으로 강의의 절반 이상을 구성하는 것은 당연해 보이기도 한다. 여타 '성' 강의와 그 내용과 방식이 다른 페미니즘 '성' 강의의 대다수는 주로 강사들에 의해 이루어지고 있으며, 이는 대학 내 여성 석학과 여성학의 열악한 구조적 위치를 반영한다. 여학생이 50% 이상인 대학에서조차 여교수의 비율은 5~25%에 머문다. 한편 수업 개설에 관여할 권한을 포함한 대학 내 주요한 의사결정권을 가진 보직교수들은 대부분 기득권 남성 교수이다. 이러한 대학 구조 내에서 페미니즘 교양강의는 개설 자체도 쉽지 않을뿐더러 개설이 되더라도 학교로서는 '적당한' '여성' 교수에게 맡기면 될 일이다. 하지만 여성 교수 자체도 적은데 그중 페미니즘을 강의할 만한 교수를 찾는 일은 더욱 쉽지 않아, 여성학을 전공한 후 대학 주변을 떠도는 석학들이 계약직 강사로 임용되어 강의를 맡게 된다. 수도권에서 벗어난 곳이면 이들조차도 공급이 원활하지 않다. '지방대'에 페미니즘 강의가 적은 이유 중 하나이기도 하다.

무슨 강의가 얼마나 많이 누구에 의해 어떠한 목표를 가지고 개설될지는 민주적으로 결정되지 않는다. 대표적인 사례로 2016년 한 신학대에서는 여성 목사의 안수가 이뤄지게 해달라고 기도했던 강사가 강의에서 배제되었고, 그 자리에 '참석'한 다른 강사의 강의 또한 개강을 앞두고 폐지되었다. 갑작스레 폐지되어버린 강의의 이름은 '여성학'이었다. 이렇듯 페미니즘 강의는 젠더 위계적 대학 내 여성의 위치와 신자유주의적 대학 내 여성학의 위치가 교차하는 곳에서 어렵게 개설되고 운영된다.

현실이 이렇기에, 서울에서 멀고 먼 지역의 한 국립대에서 페미니즘 강의가 개설되었다는 사실은 내가 그 강의를 맡게 되었다는 사실을 떠나 벅찬 감동으로 다가왔다. 이 강의가 지루하면, 혹은 너무 어려우면, 혹은 너무 치우치거나 중립적이라는 평가를 받는다면, 그래서 학생들에게 외면받는다면, 수많은 난관을 피해 어렵게 편성되고 가느다랗게 그 수명을 이어오던 페미니즘 강의의 명맥이 끊길 것이다. 그래서 나는 다짐했다. 나는 반드시 이 강의를 지켜낼 것이다. 절대로 이 강의가 사라지게 두지 않을 것이다.

3. '폭풍의 언덕' 위 여성학

대학 내 여성학의 위치가 역사적으로 항상 열악하지만은 않았다. 1977년 이화여대에서 처음 '여성학' 강의가 개설된 이후 1990년대 전국 대부분의 대학에서 여성학이 교양과목으로 채택된 시기도 있었다. 그러나 2000년대 중반 이후 진리를 탐구하던 대학조차 신자유주의의 물결을 피하지 못하게 되면서 여성학을 포함한 인문학 등 소위 '돈 안 되는 학문'이 통폐합되었다. 남성 교수 중심의 대학체계가 신자유주의와 결합한 안티페미니즘의 파도와 만나자 학문으로서의 페미니즘의 위치는 더욱더 취약해졌다. 2015년 이후 페미니즘 리부트에 맞서 안티페미니즘의 반격이 거세지고 정치권에서까지 페미니즘이 주요 쟁점으로 부각되는 사회적 분위기 속에서 온라인 대학생 커뮤니티인 '에브리타임'(약칭 에타)에서는 페미니즘을 향한 무분별한 비난과 여론몰이가 횡행했다. 각 대학마다 그나마 명맥을 이어가던 총여학생회는 민주주의란 이름으로 다수결의 원칙에 따라 줄줄이 폐지되었다. 학내 자치에 대한 평등한 권리와 참여를 보장하는 구조적 장치가 약화되자 여성의 목소리는 더욱 배제되었다. 페미니즘이 광기로 휩싸인 소수 종교단체의 교리처럼 사유되면서, 남성 간 권력에서는 뒤처지고 성별 권력에서는 우위를 점한 안티페미니스트 집단이 주도하는 페미니스트 사냥이 정치적인 힘을 발휘했다. 청년을 옹호한다고는 하지만 청년 여성은 배제하는 정권이 집권하자 정부의 평가를 토대로 급이 나뉘고 재정 지원을 받는 대학 역시 페미니즘 백래시에서 자유로울 수 없게 되었다. 많은 대학에서, 특히나 정부의 재정 지원이 중요한 지방대학에서는 '여성학' '페미니즘' 강의를 줄이거나 적어도 강좌명을 덜 '페미'스럽게 바꾸는 선택을 하였다.

그런데도 내가 강의하게 될 대학은 뚝심 있게 페미니즘 강의를 폐지하지 않았고 하물며 '여성학'이라는 간판을 그대로 유지했다. 마음이 벅차올랐다. 그런데 좀 벅차기도 했다. 강의에서 나누어야 할 지식은 있는데 그 지식을 공유하면 자칫 '극렬 페미 분자'로 몰려 소리 소문 없이 사라질지도 몰랐다. '젠더갈등'이라는 프레임으로 폄하되고 있는 이 혼돈의 장에서 20대 대학생들 간의 골은 유독 깊었다. 페미니즘에 대한 태도와 이해가 극단에 위치한 이들과 페미니즘을 어떻게 나누어야 할지, 페미니즘의 무엇을 강조하여 전달해야 할지 고민하지 않을 수 없었다.

페미니즘 지식과 역사, 주제와 수많은 현안들을 분리하고 재조립하는 과정을 거듭하며 16주간 진행될 강의의 큰 방향은 설정했지만, 학생들이 어떻게 받아들일지 확신이 서지 않았다. 그래서 수업 첫 주에 학생들에게 수강 동기를 물어보기로 했다. 페미니스트를 향한 악의적이고 실질적인 위협이 존재하는 이 시기에, 젠더에 대한 인식이 상대적으로 더 보수적인 지역에서, 전공과목이나 필수교양도 아닌, '여성학'이라는 이름의 강의를 수강하는 학생들 다수는 분명 저마다 뚜렷한 수강 동기를 가지고 있을 것이라고 생각했다. 학생들이 왜 이 수업을 수강하게 됐는지를 알면, 세부적인 강의 내용과 난이도를 조정할 수 있을 것이었다. 그리고 학생들의 답변은 아래와 같았다.

우리 집은 가부장적이다. 아버지와 오빠가 가지는 권력과 엄마와 나의 위치를 깨달으면서 여성학을 배워 내 삶을 좀더 깊이 이해해보고 싶어졌다.

페미니즘을 부정적으로 생각하는 사람들을 많이 봤는데 페미니즘을 지지하는 입장으로서 그런 사람들이 가진 페미니즘에 대한 잘못된 생각들을 고쳐주고 싶다.

소위 '터프'라 칭해지는 이들을 보며 '제대로 공부하지 않고 인터넷에 떠도는 페미니즘만 주워들어서 그래'라고 생각했었는데, 그렇게 말을 하는 나조차 정확한 페미니즘의 역사와 맥락들을 모르고 있었다.

요즘 젠더갈등이 너무 심해졌고 인터넷 어디에서나 페미니스트에게 욕을 한다. 왜 이렇게까지 갈등이 심해졌고, 왜 사람들이 페미니스트들을 그렇게까지 욕하는지 궁금했다.

대선 토론에서 한 후보가 '페미니즘은 무엇인가?'라고 물었을 때 다른 후보가 '휴머니즘 중의 하나'라고 대답한 것을 보았다. 만약 누군가가 나에게 페미니즘이란 무엇인가 물었다면 한마디도 제대로 대답하지 못할 것이다.

나는 페미니스트가 정신병자라고 생각한다. 이들을 입 다물게 하려면 페미니즘이 뭔지 알아야 한다고 생각했다. '적을 알고 나를 알자'라는 심정이랄까.

여성 위인에 대해 배우는 줄 알았다.

학생들의 답변을 들은 나는 일순 말문이 막혔다. 여성학 교양강의 또한 여느 교양강의와 마찬가지로 수강하는 학생들의 전공, 학년, 관심사가 다양하고, 이 점이 난점으로 작용한다. 게다가 페미니즘에 대한 학생들의 입장 차이가 극명하기 때문에 더욱 어려움이 크다. 가부장제를 알고 여성으로서의 자신과 엄마를 이해하려고 강의를 듣는 이가 있는 반면, '페미'를 무찌르기 위해 '적을 알고 나를 알자'는 비장한 심정으로 무장하고 강의를 듣는 이가 있다. 페미니즘에 대한 사전 지식의 차이 또한 매우 커서, 나와는 입장이 다른 페미를 설득하려고 수강하는 이가 있는 반면 여성 위인에 대해 배우는 줄 알고 수강하는 이가 있다.

나는 다시 고민해야 했다. 애초에는 페미니즘의 무엇을 어떻게 나눌지에 초점을 맞췄지만, 결국 어디서부터 , 어느 수준에 맞춰, 어떤 톤으로 페미니즘 지식을 전달할지의 문제가 더 중요해졌다. 이 문제에 대한 답을 찾으려면 학생들이 강의를 통해 얻고자 하는 바에 집중할 것이 아니라, 내가 16주 후 이토록 다양한 학생들에게서 보고 싶은 모습, 곧 내가 여성학 강의를 하는 이유를 분명히 해야 했다.

나는 여성학을 수강한 학생들이 페미니스트 투사가 되어 전장에서 싸우기를 원하지 않는다. 앞으로도 계속 마주할 성차별이라는 철옹성에 맞서 20대의 작고 소중한 에너지를 다 쏟고 지쳐 쓰러지기를 원치 않는다. 페미니즘 실천도 경험과 내공이 필요한 만큼, 그들이 경험과 내공을 충분히 쌓을 때까지 그들의 에너지가 따뜻한 숯처럼 오래도록 지속되기를 바란다. 경계와 분리, 자본과 효율, 경쟁과 성과, 차별과 혐오가 회오리치는 지금의 한국을 살아가는, 하필 이 시기 이 지역에서 여성학을 수강하는 서로 다른 이들에게 바라는 바를 한마디로 정리하면, 나는 이들이 페미니즘을 만나 발아시킨 평등과 주체의 감각을 각자의 위치에서 오랜 시간 가꾸고 수행하기를 바란다.

나는 이 강의를 듣는 이들이 우리가 사는 세상에 사회계급이 존재하며, 그 영향이 결코 가볍지 않다는 사실을 알게 되길 바란다. 그 계급에는 젠더라는 계급 또한 포함되어 있음을 인식하는 것이 중요하다. 이 깨달음은 착취받지 않을 권리와 선택의 자유, 목소리를 낼 기회를 가능하게 한 이들에 대한 감사와 책임 의식으로 이어지길 바란다. 또한 미디어와 사회제도의 영향에서 자유로울 수 없는 자신의 위치를 성찰하고, 다른 이의 조건 역시 헤아릴 수 있기를 바란다. 그렇게 함으로써 단순히 다수결의 세상이 아닌, 다음 세대가 딛고 설 세상에 대해 함께 고민할 줄 아는 시민으로 성장하길 바란다.

4. '빌드업'과 '외줄타기'

페미니즘을 둘러싼 대학 안팎의 혼란 속에서, 페미니즘을 가르치는 강사는 마치 맞부딪히는 파도의 한가운데 홀로 서 있는 기분이다. 페미니즘 지식의 공유와 실천, 그리고 대학 조직의 구성과 운영은 서로 긴밀히 연결되어 있기에 젠더화된 대학 구조는 페미니즘 지식의 공유를 방해한다. 강의는 불규칙적으로 개설되고, 적합한 교수자가 배치되지 않는 경우도 많다. 그나마 젠더를 전공한 이들은 대부분 강사이자 구직자이기에 학문적 네트워크를 지속하기 어려우며, 이곳저

곳을 떠도는 입장이니만큼 학생들과의 교류도 원활하지 않다. 강의실에서라도 평등과 돌봄의 페미니즘을 실천하고자 하나 학생들의 학문적 배경과 사전 지식의 편차가 큰 교양강의의 경우 이마저도 강사 개인에게 무거운 짐처럼 느껴진다.

게다가 페미니즘 교양강의는 강사가 지식을 전달하려면 긴 설득의 과정이 필요하다는 점에서 다른 교양강의와 확연히 구별된다. 예를 들어 '경제와 생활' 강의가 있다고 가정해보자. 이 수업을 수강하는 학생들은 경제학 주류 이론이 인간은 합리적 소비를 한다는 가정하에 정립되었다고 해서 경제학이라는 학문 자체가 편협하다고 생각하지 않는다. '법과 문화'라는 강의가 있다고 하자. 학생들이 살면서 갖게 된 법에 대한 인식이 "법은 다 틀려" 혹은 "법은 다 옳아"와 같이 극단으로 치우치기도 어려울뿐더러, 강의 내용이 나의 신념을 얼마나 잘 뒷받침해주는지 확인하기 위해 수업을 듣는 학생이 많지는 않을 것이다. 창조론을 믿는 학생이 진화론을 조목조목 반박하거나 진화론을 가르치는 교수와 '맞짱' 뜨기 위해 굳이 '진화생물학' 수업에 들어오는 경우도 드물 것이다(물론 이전 사회에서는 충분히 그랬을 듯하다. 지금의 페미니즘 수업처럼). 대부분의 대학 강의에서 학생들은 해당 분과의 학문적 지식을 체계적으로 전수받고 탐구한다고 생각하지, 교수자의 사심이 가득 담긴 편협한 주장을 듣는다고 생각하지는 않는다. SNS나 온라인 커뮤니티, 각종 '위키', 유튜브에서 본 내용이 대학 강의보다 더 객관적이고 진실에 가깝다고 생각하지 않는다.

페미니즘 강의는 다르다. 첫 수업부터 '저 사람이 무슨 말을 하나 보자'라는 의혹을 품은 학생들이 있다. 페미니즘이 틀렸음을 증명하고자 수강한 이들만이 아니다. 페미니즘을 지지하는 이들조차 강의 내용이 자신이 알고 있던, 혹은 옳다고 생각하는 방향과 다를 때 불신의 눈빛을 보낸다. 페미니즘을 처음 접한 이들도 자기 자신과 우리 사회에 이미 체화된 주류 지식과 입장을 비판하는 말들에 고개를 갸웃거린다. 남성중심적 지식체계에 의해 탄탄히 지탱되는, 그물망처럼 촘촘한 젠더 위계에 따라 살아온 우리 대부분은 '예전에는 몰라도 지금은 성평등하다' '남자가 신체적으로 강하기 때문에 권력을 더 가질 수밖에 없다' '남자가 돈을 더 많이 버는 이유는 더 힘든 일을 하기 때문이다' '여성과 남성은 서로의 짝으로서 조화를 이루어야 한다' '여성과 남성은 잘하는 것이 다르므로 성별 분업이 효율적이다' 등의 뿌리 깊은 믿음에서 쉬이 벗어나지 못한다.

주류 지식이 옳다고 철석같이 믿는 다수 앞에서 강사는 페미니즘으로 안내하기까지 '빌드업'의 과정을 거쳐야 한다. 이들을 달래고 어르고 깨부수며, 우리가 살고 있는 세계가 어쩌면 모든 이들이 같은 색의 안경을 낀 이상한 세계일지 모른다는 불안감과 나의 생각과 행동이 차별이고 고정관념일 수 있다는 불편함을 이들에게 심어줘야 한다. 이들이 수업에서 하는 말을 좀더 들어보고 싶다거나, 페미니즘이 무엇인지 좀더 알고 싶다는 마음이 들도록 많은 애를 써야 한다. 이런 과정 없이 곧바로 페미니즘 입장론과 개념을 설명한다면, 강의는 암기과목에 그칠 뿐 인식을 전환하고 자기 위치를 성찰하며 진정한 민주주의를 도모하는 실천적 의미에서의 페미니즘을 전달할 수 없을 것이다. 애초에 수강을 철회하지 않고 마지막 수업까지 남아 있는 학생도 거의 없을 듯하다. 아마도 나를 비롯한 많은 페미니즘 교수자가 학생들이 시험을 못 봐도 좋으니 한명이라도 페미니즘을 제대로 마주하길 바랄 테다. 페미니즘 지식과 실천이 나뉠 수 없듯이 교수자 또한 자신의 현장에서 운동가적 정체성을 가질 수밖에 없다.

갖가지 전략을 총동원하여 수강생들에게 "페미니즘, 배워볼 만하겠는데?"라는 생각이 들게끔 하는 데 성공했다고 해서 숨 돌릴 여유는 없다. 페미니즘 교양강의는 매 수업이 '외줄타기' 같다. 한 예로, 단어 하나를 쓸 때도 자칫 그 의도가 잘못 전달되거나 누군가의 항의를 들을까봐 조심스럽다. "여자" "남자"라고 말하고는 자칫 생물학적 성차를 강조하는 것으로 보일까 아차 싶어, 곧 "여자"와 "남자"는 사회적으로 구성된 여성성과 남성성을 체화한 몸으로서의 젠더를 의미한다고 덧붙인다. 성별 임금격차를 이야기하다가 여자 편을 드는 것으로 비칠까봐 "남자도 힘들죠"라고 말하고, 그 한마디로 남자 편을 든 것처럼 여학생들로부터 오해를 살까봐 다시 설명을 이어간다. 가끔은 내가 이 약, 저 약 파는 약장수가 된 것 같기도 하고, 이리저리 찌르며 공격하고 수비하는 펜싱 선수가 된 것 같기도 하다. '페미' '안티페미' '회색지대' 학생들의 반응을 수시로 민감하게 살피며 번갈아 어르고 달래다보면, 2시간 수업을 끝낼 즈음엔 늘 녹초가 되기 일쑤다.

어쩌면 대학 '성' 관련 강의가 성교육에 머무르거나 '남녀 서로 이해하고 조화를 이루어 행복한 가정을 꾸리자' 수준에 머무는 이유 중 하나는, 페미니즘 강의라는 행위 자체가 그만큼 부담스럽고 취약하기 때문일지도 모른다. 페미니즘에 대한 신뢰가 단단하지 않은 대학에서 페미니즘을 가르치는 강사가 강의실 안에서부터 그 신뢰를 일구어나가는 것은 쉽지 않은 일이다. 그럼에도 불구하고 페미니즘 강의는 기울어진 시소 위에 중립할 수 없기에 이쪽도 옳고 저쪽도 옳다고 말하지 않는다. 설령 페미니즘을 가르쳤다는 이유로 강사가 '에타'에서 '꼴페미'라 불리고, 수강생이 줄어 생계가 불안해진다 하더라도 마찬가지다. 더불어 강의실 밖에서는 '페미 단죄'의 권력을 쥔 이들로부터 실질적 위협에 노출된 여학생들의 불안을 감지하고 그들을 돌보는 책임까지, 교수자 개인이 짊어진다.

페미니즘을 가르치는 강의실은 교수자가 전달하는 지식뿐 아니라 학생들이 서로 생각과 의견을 나누는 경험이 자산과 동력으로 작동하는 공간이다. 그러나 토론 주제를 정하고 팀을 꾸려 활발한 토론을 이끌어내고, 참여가 적은 학생을 북돋는 일은 적지 않은 노동과 긴장을 요구한다. 여기에 공정하면서도 명확한 상대평가 기준을 세우는 일까지 더해지면 그 부담은 더욱 크다. 학생들로 하여금 임금격차에 대해 계급의 교차와 노동구조, 돌봄, 문화적 관점에서 분석하여 발제하도록 하고, 온라인에 떠도는 '동일노동 동일임금'에 대한 뒤틀린 주장('똑같은 시간 동안 똑같은 일을 하는 여성은 동일한 임금을 받는다' '여성이 일을 안 하기 때문에 적게 받는 것이다' 등)에 평화롭고 합리적이며 성찰적인 태도로 논의할 수 있다면 얼마나 좋을까. 하지만 현실은 그렇지 않다. 나는 때때로 지식의 권위에 기대어 빠르게 납득시키고 넘어가기도 하고 이 부분은 중요하니 외워서라도 이해하라고 다그치기도 한다. 학기 중반이 넘도록 젠더 계급을 이해하지 못하는 학생들에게는, 이 사회는 평등하지 않으며 차별은 분명 잘못된 것이라는 사실만이라도 인식하길 바라는 마음으로 그 수준에 맞추어 피드백을 제공한다. 이렇게 강의실에서 나는 계몽주의자가 되기도 하고 학원 강사처럼 굴기도 하고 때로는 '금쪽이'를 달래는 오은영 박사님이 되기도 한다.

　　일방적이고 위계적인 지식 전달에서 벗어나 동등한 관계에서 참여적 학습을 구축해야 한다는 페미니스트 페다고지[4] 실천에 대한 추구 또는 의무감은 안 그래도 어깨가 무거운 여성학 교양 강사에게 부담이다. 매주 강의를 마치고 집으로 돌아가는 길, 나는 루틴처럼 페미니스트 페다고지를 떠올리며 강의실에서의 내 모습을 되짚는다. 헤게모니적 지식체계에 대항하는 내용을 매우 헤게모니적 교육방식을 통해 전달한 것만 같다. 강의실에서 최선을 다했다는 충만감과 실천의 학문인 페미니즘을 제대로 수행하지 못했다는 자괴감 사이에서 나 개인의 능력, 열정, 경험의 부족을 탓하는 날이 늘어간다.

5. '고객'과 '강의 서비스 노동'

　　효율성이 극대화된 대학교육 체제에서 학문은 그 수익성에 따라 서열화된다. 대학은 수익성이 낮다고 판단되는 인문학과 순수과학 전공을 축소하거나 통폐합하는 방식으로 가지치기를 단행한다. 자본주의적 가치 기준에서 밀려난 학문들은 여러 전공 학생들을 대상으로 한 대규모 '융합형' 교양강의의 형태로 재편된다. 이 과정에서 대학은 강의 효율성과 비용 절감을 동시에 추구하며, 이러한 교양과목은 저비용의 비전임 인력을 통해 유연하게 운영되는 구조로 고착화된다.

　　강사는 학생들이 "교수님"이라 부를 때마다 '나는 교수가 아닌데……'라

---

[4]　페미니즘 사상과 인식론을 강의 내용뿐 아니라, 지식 전달 과정, 평가 방법에까지 적용시키는 교육 철학이자 교육법이다. 교수자의 일방적 지식 전달이 아니라 교육 참여자 간 상호작용을 통해 도달하는 페미니즘 인식과 성찰을 강조한다.

는 생각에 내심 움찔한다. 1년 단위로 계약하고, 재직증명서 대신 경력증명서만 발급되는 강사의 위치는 학생들의 학업이나 대학 생활을 지속적으로 살필 수 있는 교수와는 근본적으로 다르다. 수업 준비를 위한 강사 휴게실이 마련되어 있기는 하지만, 학생 상담이나 소통을 위해 강사들이 머무를 공간은 마련되어 있지 않다. 대학과 강사법이 규정하는 강사의 역할은 '교육자'라기보다는 '강의 경험 제공 대상' 혹은 '파트타임 스피커'에 가깝다. 업무와 기한이 한정되어 있는 강사는 학생과 지속적인 관계를 맺기 어렵고, 학생들 또한 강사를 진정한 의미에서 '스승'으로 인식하기 어렵다.

대학가를 휩쓸어버린 신자유주의의 물결은 강의 방식까지 변화시켰다. 대규모 교양강의가 학점을 채우는 도구처럼 학생들에게 여겨진 지는 오래다. 등록금이 비싼 만큼 강의의 질은 높아야 하지만, 학생들은 오랜 시간을 할애해야 하는 과제나 팀플(팀플레이), 토론을 꺼려 한다. 하물며 2학점 교양강의에 팀플과 과제가 많고 강사가 성적도 짜게 준다면, 그 강의는 시작도 하기 전에 비인기 강의로 낙인찍힌다. 학기 중과 학기 말에 한번씩 진행되는 강의평가는 교수에게는 별다른 영향을 주지 않지만, 강사 재계약에는 큰 영향을 미친다. 과제나 공부량이 얼마나 많은지, 성적이 후한지 박한지, 교수자가 교수인지 강사인지, 어느 대학을 나왔는지, '페미'인지 '꼰대'인지 등의 정보는 '에타'에 공유된다. 이러한 정보들은 곧 강의의 '인기'를 결정하고, 다음 학기 수강생 수와 수업에 임하는 학생들의 태도에까지 영향을 미친다.

이제 강사에게 학생은 '제자' 또는 '후학'이라기보다 오히려 '고객'에 가까워졌다. 또한 지식 전달의 행위인 강의는 '강의 서비스 노동'으로 치환된다. 한 학기 강의를 무사히 마치기 위해, 강의가 폐강되는 불상사를 막기 위해, 강사 재계약을 위해, 강사는 고객이기도 한 학생들의 '니즈'를 파악해야 한다. 강의 질은 높되 과제는 많지 않아야 하고, 내용은 알차면서 재미있어야 하지만, 강의 시간은 길지 않아야 한다. 강사는 권위를 갖추면서도 친근해야 하고, 시험은 어렵지 않되 성적은 가능한 한 후하게 주어야 한다. '학생 니즈'에 맞춘 '강의 서비스 노동'이라는 프레임 안에서, 계약 갱신을 앞두고 학생들의 선호도를 고려해야 하는 상황은 강사로 하여금 강의의 교육적 가치나 이상을 유지하기 어렵게 한다. 고객의 만족을 최우선으로 해야 생계를 유지할 수 있기 때문이다. 결국 강의는 '성공적인 거래'로 바뀌어 강사의 교육 철학이나 학문적 비전은 뒷전으로 밀려날 수 있다.

페미니즘 강사는 이러한 '강의 서비스 노동'의 프레임 안에서 더욱 취약한 위치에 놓이기 쉽다. 젠더화된 대학 구조 속에서 이미 불안정한 위치에 있는 페미니즘 강의는 언제든 미개설되거나 폐강될 위험에 노출되어 있으며, 대학은 그 원인을 간단히 '학생들의 불만족' 탓으로 돌리면 그만이다. 여성학 강사인 나는, 혹시 나 때문에 여성학이 비인기 강의로 낙인찍히지는 않을지, 다음 해에 강의가 사라지는 것은 아닐지 늘 불안하다. 그래서 그 어떤 강사보다 더 학생들의 '니즈'에 민감하게 반응한다. 더 나은 시청각 자료를 찾기 위해 밤새 유튜브를 뒤지고, 젠더 관련 최신 뉴스를 정리하며, 제출된 과제에 한줄이라도 더 피드백을 남기려 애쓴다. 여성학의 주변화된 위상과 여성 강사에게 드리워진 유리천장에 침식되면서도, 어떻게든 '고객'이 만족할 만한 페미니즘 강의 서비스를 제공하기 위해 고군분투한다.

6. 목격한 희망

두번째 여성학 강의다. 시간이 많이 지났지만 강의실의 공기가 남다르다는 것은 여전하다. 5년 전에도 오늘도, 수강생들은 서로를 둘러보며 성급히 상대를 일반화해보거나 각자의 동기를 궁금해한다. 쏟아지는 단어들에 강의실의 공기가 움찔거리는 것이 느껴진다. 경계와 긴장이 있다. 동시에 안도감을 가장 많이 느낄 수 있는 두시간이기도 하다. 특별한 시간이다.

2017년에 처음 여성학 강의를 듣고, 2022년 내가 맡은 강의를 재수강하게 된 한 학생이 제출한 수강 동기 쪽글의 일부는 지금도 내게 강한 인상을 남긴다. 강의실이라는 공간에서 나 또한 같은 공기를 느꼈다. 학생들의 이질성에도 불구하고, 그것이 뜨거움이든 살벌함이든 분명한 열정이 감지되었다. 팬데믹 시기의 온라인 강의와 달리, 교수자와 학생들이 함께 만들어가는 수업은 확실히 다른 생동감을 지녔다. 눈빛이 유난히 반짝이던 학생들은 서로 연락처를 주고받았고, 별도의 추가점수가 없다고 고지했음에도 자신이 깨달은 바를 나누고 싶다며 내게 발표 시간을 요청했다. 정성스럽게 시청각 자료를 준비해오는 학생들도 있었다. 페미니즘이 틀렸음을 증명하기 위해 여성학을 수강했다던 한 학생이, 남성 위계 속에서 자신이 경험했던 소외를 '남성동성사회' 개념을 통해 성찰한 글을 발표했을 때는 강의실 전체가 조용히 술렁였다.

2023년 봄, 여성학 강의 4년 차를 맞은 나는 처음으로 깊은 당혹감을 느꼈다. 수업 첫 주, 수강 동기를 묻는 질문에 대한 응답 양상이 이전과 확연히 달라졌기 때문이다. 페미니즘에 대한 열망이나 문제의식을 고백하기보다는, 단지 빈 시간대를 채우기 위해 수강했거나, '에타'에서의 평이 좋아 선택했다는 응답이 눈에 띄게 늘어났다. 2015년 이후 한국사회를 뒤흔든 페미니즘의 물결은, 안티페미니즘의 득세와 이를 정치적으로 활용한 보수 정권의 집권 속에서 잦아든 듯 보였다. 팬데믹은 대학 내 페미니스트 간의 연대와 경험의 공유를 물리적으로 방해했고, 그 공백을 메운 것은 아이러니하게도 '에타'였다. 그러나 이 플랫폼은 대학생이라는 지식인이 주도하는 토론과 사유의 공간이라기보다는, 시험과 리포트 정보를 사고파는 신자유주의적 시스템으로 기능하며, 페미니즘에 대한 조롱과 혐오가 '밈'과 유행처럼 번지는 공간이기도 했다. 혐오에 동조하지 않는 학생들은 '회색'을 자처하며 침묵했고, 페미니즘 교양강의의 위상은 오히려 백래시와의 격렬한 충돌이 존재하던 시기보다 더 위태로워 보였다.

젠더화되고 서열화된 대학 조직 속에서 나는 여성학 강사로서 학생들을 고객과 후학 사이 어딘가의 존재로 간주한 채, 그들의 '니즈'에 맞춰가며 아슬아슬하게 페미니즘 교육을 이어왔다. 그러나 그 학기를 끝으로, 나는 결국 여성학 강의에서 물러났다. 당시에는 페미니즘을 통해 학생들이 평등의 중요성을 체감하고 자신을 주체로 인식하기를 바랐지만, 그 효과는 좀처럼 가시화되지 않았다. 대학 안팎에서 페미니즘은 더이상 격렬하게 맞서 싸우지도, 공개적으로 논쟁되지도 않았다. 그 대신 무관심과 무지성적 조롱에 부딪히고 있었고, 그것이 오히려 이전의 대립보다 더 버겁게 느껴졌다.

그런데 2024년 겨울, 강의실에서는 미처 포착하지 못했던 페미니즘이 광장에서 모습을 드러냈다. 계엄령을 선포한 정권 아래에서, '종북'이나 '반국가세력'이라는 낙인을 거부한 20·30대 여성들이 거리로 나선 것이다. 이들의 행진은 단순한 정치적 저항을 넘어, 페미니즘과 민주주의의 상호연결을 뚜렷하게 증명했다. 응원봉을 들고 각자의 정체성을 드러내며 행진하던 여성들은, 개성과 취향이 살아 있는 개인들로서 평등과 돌봄, 성찰의 민주주의를 지켜내고 있었다. 그들은 여성뿐 아니라, 장애인, 노인, 농민, 성소수자 등 사회적으로 주변화된 이들의 권리를 함께 외치며 연대의 정치를 실천하고 있었다. 그제야 나는, 강의실에서 바랐던 일이 광장에서 실현되고 있음을 보았다. 페미니즘이 각자의 삶 속에서 조용하지만 단단하게 발아하고 있었고, 그 각각의 뿌리들이 여성들의 행진으로 이어져 있었다.

대학 내 페미니즘은 사라지거나 약화된 것이 아니었다. 내가 강사로서 느꼈던 좌절은 대학 내 페미니스트의 침묵 때문이 아니라, 그 목소리들이 발화될 수 없도록 테두리 짓는 제도적·문화적 조건 때문이었다. 이제 나는 더이상 강사가 아니지만, 거리의 목소리를 통해 배운다. 페미니즘은 대학이 결코 포기해서는 안 되는 질문이며, 민주주의의 언어로 기능해야 한다는 사실을.

페미니즘 강의는 단지 지식을 전달하는 것이 아니라, 학생이 자기 삶과 사회구조를 비판적으로 성찰할 수 있는 계기를 제공한다. 그러나 지금까지 대학은 그 중요성에 비해 페미니즘 교육을 제도적·구조적으로 충분히 보장하지 않았다. 대학은 학생을 '강의 서비스의 수요자'로, 강사를 '공급자'로 규정하며 수요-공급 프레임에 따라 교육을 시장 논리로 환원해왔다. 이 구조 속에서 대학과

학문은 서열화되고, 강사의 위치는 불안정해졌으며, 사회적으로 민감하고 중대한 주제를 다루는 강의는 점차 축소되거나 사라졌다. 페미니즘의 급진적 사유와 실천은 '융복합'이라는 이름 아래 대형 교양강의 공간으로 제한되었다.

그럼에도 불구하고, 이러한 대형 강의실조차 이질성과 다양성을 드러낼 수 있는 비판적 교육의 공간이 될 수 있다. 여성학 이론과 정책을 다루는 심화된 논의는 각 전공 학문 내에서 페미니즘 렌즈를 통해 이루어져야 하며, 페미니즘 교양강의는 학생들이 민주 시민으로서 평등의 감각을 실천하는 기초 토대를 형성시켜주는 자리로 기능할 수 있다. 다양한 입장에 선 학생들이 서로의 차이를 마주하고, 충돌과 협상의 지점을 체득하는 그 자체가 곧 페미니즘 교육의 핵심이기 때문이다. 이 강의는 단순히 정보의 전달이 이루어지는 자리가 아니라, 학생들이 성별화된 일상과 사회구조를 비판적으로 성찰하고, 갈등을 조율하며 연대하는 감각을 훈련하는 자리다.

'청년'이라는 말로 쉽게 묶이지만, 실제로는 정치적·학문적 논의에서 주변화되어온 청년 여성들은 이제 조용히 물러서지 않는다. 이들은 자신의 일상적 경험을 단순한 개인적 감상의 사안이 아니라, 성차별적 구조와 연결된 사회문제로 인식하고 목소리를 내고 있다. 성폭력, 고용 차별, 혐오 표현, 돌봄의 불균형 같은 구체적인 현실을 공적 공간에서 발화하는 방식으로 저항하고 있다. 한편, '이대남'으로 획일화되어 자신의 경험과 생각을 자유롭게 발화하기 어려웠던 청년 남성들 또한 점차 고정된 프레임을 벗어나 각자의 삶과 감정을 언어화하며, 피해와 분열의 서사를 넘어 새로운 대화를 시도하고 있다.

그렇다면 지금의 대학은 이러한 학생들의 문제제기에 진지하게 응답할 준비가 되어 있는가? 아니면 그것을 일시적 유행이나 개인적 감정으로 치부하며 이들을 다시금 침묵시키려 하는가? 대학이 이들의 열망을 지식의 자원으로 받아들일 때, 페미니즘 교육은 단지 하나의 강의가 아니라 세상과 관계 맺는 또 하나의 언어가 된다. 나는 그 언어가 강의실을 넘어 서로의 삶을 이해하고 바꾸는 힘으로 확장되리라 믿는다.

페미니즘이 짓는 대학, 대학이 키우는 페미니즘[1]

유현미

1. 대학, 공동체의 의미를 다시 묻다

2000년대 중반에 대학에 입학했던 나는 '대학 페미'로 자랐다. 당시에는 입학 전부터 반성폭력 운동의 정신이란 무엇인지 배울 수 있었다. 새내기새로 배움터(새터)에서 선배들은 민중가요에 맞춰 마임을 했고 반성폭력 규약이 세미나에서 공유되었다. 문제가 발생하면 연락할 수 있는 담당 선배가 있었고 여학생들이 쉬거나 생리대를 구할 수 있는 공간('여학생휴게실')이 숙소에 작게나마 마련되어 있었다. 새터 장기자랑 시간에 누군가 여성을 희화화하는 개그를 하면 중단을 요구하는 야유와 항의가 이어지기도 했다. 나는 그곳에서 익숙한 문화가 통하지 않는 새로운 세계를 만났다.

개강 후에는 '3·8 세계 여성의 날'도 알게 되었다. 그날에는 학교 곳곳에서 행사가 열렸다. 학생들이 빵과 장미를 나눠주고 행사 부스에서 여성학 책을 판매했다. '여성의 날'의 역사를 설명하는 대자보도 곳곳에 붙었다. 대학 정문을 나가 거리를 행진하고 다른 대학의 행사에도 참여하면서, 이 새로운 세계가 내가 다니는 대학을 넘어 더 넓은 광장으로 연결되어 있음을 깨달았다. 대학에는 여성

---

[1] 이 글은 필자의 박사학위논문(『대학 성폭력의 지속과 성별화된 능력주의』, 서울대학교 대학원 사회학과, 2022) 2장 일부를 전면 보완·재서술한 것이다.

주의 자치언론, 동아리, 문화제, 연극 모임, 세미나와 수업이 있었고, 나는 그곳들에 발을 담그면서 점차 페미니즘을 삶의 나침반이자 세계를 바라보는 창으로 삼게 됐다. 그곳에서 만난 사람들을 통해 성폭력은 피해자의 입장에서 사유해야 하며 공동체 구성원이 함께 해결해야 하는 '우리'의 문제라고 배웠다. 비록 한해가 다르게 우리는 손가락을 빠져나가는 모래처럼 한줌이 되어 흩어졌지만, 반성폭력 담론을 알게 모르게 흡수할 수 있었던 토양에서 나는 자랐다.

그리고 2010년대, 젠더사회학을 공부하는 대학원생이자 가르치는 강사가 되면서 나는 학내 성폭력 사건에 조언을 하는 위치에 놓였다. 특히 피해자가 대학원생인 사건들을 접하면서 대학원생 인권운동에 발을 들이게 되었다. 2020년 대학원생 노동조합에서 성폭력 예방교육을 진행하며 성폭력은 공동체의 윤리를 재구성해야 하는 공동체적 해결의 대상이라는 점을 강조한 적이 있다. 그때 대학원생 조합원들은 생경하다는 표정을 지었다. 학내 성폭력·성희롱 사건에 관심을 갖고 있음에도 그들은 성폭력 문제는 사법 절차나 소송(에서의 승리)을 통해 해결하는 것이라고 생각했다. 내규나 자치 규약처럼 구성원의 자율적 개입을 중시하는 공동체 담론에는 익숙하지 않았다. 아니 더욱 근본적으로는 그 말을 믿지 않았다. 대학이 공동체라고?

학부생, 대학원생, 조교, 강사로 대학 사회를 바라보고 통과한 나 역시 그런 의문을 가졌다. 1990년대 중반에서 2000년대 초반까지 활발했던 대학 반성폭력 운동은 대학을 구성원 간의 긴밀한 유대와 소통이 있는 공동체로 상상했다. 물론 당시 대학 페미들은 "오빠는 필요 없다"[2]라고 외치며 학생운동과 대학 사회의 남성중심적 문화를 비판하기도 했다. 그럼에도 대학을 학생 주도로 운영되는, 자치가 중요한 공론장이고 학습부터 놀이까지 삶의 전반을 공유하는 생활공동체라고 기대했다. 대학에서 페미니즘을 배우고 실천하는 데서 이러한 공동

2 전희경 『오빠는 필요없다』, 이매진 2008.

체의 개입과 재구성은 필수적인 것이었다. 그러나 오늘날의 대학에서 공동체성을 실감하기란 쉽지 않고, 그로 인해 대학 내 페미니즘의 위치 또한 위태롭다.

이 글은 1990년대 중반 이후 신자유주의적 구조조정이 대학과 페미니즘에 미친 영향을 살피며, 더이상 공동체에 대한 상상을 공유하기 어려운 한국 대학의 현실을 진단한다. 그리고 대학을 다양한 구성원이 공존하는 지식공동체로 공공적 관점에서 재구성해야 함을 주장하며, 그러한 대학개혁이 페미니즘과의 긴밀한 연결 속에서 실천되어야 함을 이야기하려고 한다.

2. 대학의 황폐화: 성과주의와 경쟁의 압력

대학에서 학점 때문에 괴로웠던 적이 있는가? A, B학점 비율을 제한하는 상대평가는 학생뿐만 아니라 강사에게도 큰 부담이 된다. 내 점수가 오르려면 다른 학생의 점수가 떨어져야 하는 구조, 각자의 고유한 성장보다는 줄 세우기식 평가가 중심이 되는 현실은 강의실을 경쟁의 장으로 변모시킨다. 평가란 본래 그런 것 아니냐고 반문할 수도 있다. 하지만 팬데믹이 절정에 달했던 2020~21년에 대규모로 시행된 비대면 수업이 공정한 평가를 보장하지 못하자 절대평가가 도입되었음에도 별다른 문제가 발생하지 않았던 것을 떠올려보면, 상대평가가 반드시 필요하다고 할 수는 없다. 오히려 상대평가 제도는 대학 졸업장이 더이상 취업을 보장하지 않는 시대에 대학 교육이 취업을 위한 '스펙' 쌓기로 변질된 현실을 반영한다.

1990년대까지만 해도 대부분의 대학에서는 절대평가가 일반적이었다. 그러나 1997년 외환위기를 거치면서 취업 경쟁이 심화되자 일부 대학에서 성적을 후하게 주는 관행이 확산되었고, 정부는 학점을 과하게 높게 주는 대학에 지원을 줄이는 정책을 시행했다. 2000년대 중반, 학생들의 반대에도 불구하고(나 역시 2005년 학사관리 엄정화를 반대하며 대학본부를 점거하려던 학생들을 기억한다) 많은 대학이 상대평가를 도입했다. 이 시기는 학점, 영어시험 점수, 자격증 등 수치화가 가능한 요소로 개인의 능력을 증명하는 '스펙' 문화가 대학에 자리잡은 때와 맞물린다. 학생운동이 확실히 약화된 2000년대 중반 이후, 대학생들은 기업과 시장이 원하는 '가치 있는 인적 자본'이 되라는 요구에 익숙해졌다.[3]

이러한 스펙 문화는 대학생들에게만 국한되지 않는다. 나는 2010년대에 대학원을 다니며 교수와 대학원생 모두 CV^Curriculum Vitae(학술 이력서)를 화려하게 채울 연구 실적의 압박에 시달리는 현실을 목격했다. 논문 게재 건수와 연구비 수주 실적은 연구자 능력 평가의 주요 지표가 되었고 연구자가 학계에서 인정받고 교수로의 임용과 승진이 결정되는 데 중요한 요소로 작용했다. 특히 영문 국제학술지에 논문을 게재하면 연구 평가에서 높은 가산점을 받을 수 있었으며 이는 연구자의 생산성을 증명하는 수단이 되었다. 모국어로 사유하고 쓰는 일, 천천히 숙고하며 연구를 수행하는 일은 점차 가치가 격하되었다. 'Publish or Perish'(논문 게재 아니면 망함)라는 구호는 이제 연구자 사회에서 하나의 암묵적인 규범으로 자리잡고 있다. 강사와 교수들은 대학생들의 '스펙' 집착을 개탄하면서도 정작 누구보다 연구 스펙에 휘둘린다.

왜 이렇게 되었을까? 흔히 한국사회의 신자유주의화로 인해 청년 세대가 경쟁에 익숙해졌다고 하지만, 이는 특정 세대의 문제가 아니라 대학이라는 조직이 직면한 생존 압력에서 비롯된 문제이기도 하다. 1995년 정부의 5·31 교육개혁안[4]은 대학 설립 기준을 완화하고 학생 정원을 늘리는 정책 기조를 표방했다. 이후 2000년대까지 대학(원) 수와 학생 수가 우후죽순 늘어났다. 이뿐만 아니라 5·31 교육개혁안은 지식기반경제라는 구호하에 대학의 연구 기능 강화를

---

[3] 채효정 「[워커스 사전] 능력주의」, 『참세상』 2021. 6. 30; 「서울대, 14년 만에 '학점 상대평가제' 대폭 손질」, 『한국경제』 2018. 3. 16.

[4] 대통령자문교육개혁위원회 엮음 『세계화·정보화 시대를 주도하는 신교육체제 수립을 위한 교육개혁 방안』, 교육개혁위원회 1995.

내세우며 연구성과를 대학 평가 및 재정 지원과 연계했다. 연구에 집중하는 대학에 자원을 몰아주고 그외 대학은 학생 취업률을 기준으로 평가하는 시스템을 정착시켰다. 취업, 논문 게재, 연구비 수주 실적은 학생·교원의 스펙이자 교육부가 대학을 평가하고 지원을 검토할 때 살피는 대학의 스펙이 되었고, 대학끼리의 스펙 경쟁이 격화되었다.

그리고 2000년대 후반에는 글로벌 금융위기와 저성장 경제 국면이 겹치면서 대학 구조조정의 압박이 본격적으로 시작되었다. 등록금 동결과 저출생에 따른 학생 수 감소는 대학 운영의 불확실성을 키웠고, 이에 따라 대학은 학생과 교원을 포함한 모든 구성원에게 취업률과 논문 게재 실적이라는 지표를 요구하는 더욱 철저한 성과 중심의 경쟁 구조로 재편되었다.

이러한 흐름 속에서 인문사회 계열 학문과 기초 분야 연구자들은 더욱 불리한 위치에 놓이게 되었다. 특허나 산학협력 실적으로 자본을 획득하거나 빠르게 영어논문을 게재해 소위 학문적 생산성을 증명하기 어려운 특성을 갖고 있기 때문이다. 이로 인해 대학의 연구비와 자원은 공학 전공이나 실용 분야로 집중되었고, 인문사회와 예술 분야는 점차 '쓸모없는 것'으로 취급되었다. 예를 들어, 2010년대 중반 기준으로 대학 연구비에서 각 학문이 차지하는 비중을 살펴보면 인문학은 2.4%, 예술체육학은 1.4%, 사회과학은 7.6%에 불과한 반면, 공학은 43.9%, 의약학은 20.4%에 달했다.[5] 이러한 불균형 속에서 인문사회 전공 연구자들은 지속적인 연구 활동을 해나가기 어려워졌고 대학 내 지적 다양성은 점차 위축되었다. '문송합니다'(문과라서 죄송합니다)라는 말을 다들 들어보았을 것이다. 2010년대에 등장한 이 표현은 전문직이나 자격증 획득에 유리한 일부 상경·법학 계열을 제외한 인문·사회과학 지식의 가치가 완전히 평가절하되는 세태를 반영한다.

---

[5] 노유진·김윤배·이광희·장경수 『2016년도 전국대학 대학연구활동 실태조사 분석보고서』, 한국연구재단 2016.

물론 성과 중심의 대학 구조에서 벗어나려는 움직임도 존재했다. 2010년대, 대학에서는 대학의 기업화와 성과주의적 운영 방식을 비판하는 목소리가 꾸준히 이어졌다. 역사 분야 학술지 『역사비평』은 2010년 '대학의 붕괴: 기업화, 서열화, 지성의 몰락'이라는 제목의 특집으로 한국 대학의 위기를 진단하기도 했다.

일부 학생들은 자퇴를 선언함으로써 학문적 가치보다 실적을 우선시하는 대학 시스템에 저항하기도 했다. 2010년 당시 고려대에 재학 중이던 김예슬의 목소리가 대표적이다. 그는 "생각할 틈도, 돌아볼 틈도" 주지 않는 대학을 자신의 "적"으로 규정하며 "큰 배움도 큰 물음도 없는 '대학大學' 없는 대학"을 거부한다고 외쳤다.

> 이름만 남은 '자격증 장사 브로커'가 된 대학, 그것이 이 시대 대학의 진실임을 마주하고 있다. 대학은 글로벌 자본과 대기업에 가장 효율적으로 '부품'을 공급하는 하청업체가 되어 내 이마에 바코드를 새긴다. 국가는 다시 대학의 하청업체가 되어, 의무교육이라는 이름으로 12년간 규격화된 인간제품을 만들어 올려 보낸다. 기업은 더 비싼 가격표를 가진 자만이 피라미드 위쪽에 접근할 수 있도록 온갖 새로운 자격증을 요구한다. 이 변화 빠른 시대에 10년을 채 써먹을 수 없어 낡아 버려지는 우리들은 또 대학원에, 유학에 (…) 돌입한다.[6]

이후에도 서울대, 연세대, 중앙대 등의 학생들이 연이어 대학 거부 선언을 발표하며 대학 구조조정에 반발했다.

강사와 대학원생 들의 저항도 계속되었다. 2010년 조선대 강사였던 고故 서정민 박사는 교수 채용 비리와 논문 대필 문제를 고발하며 극단적인 선택을 했

---

6   김예슬 『오늘 나는 대학을 그만둔다, 아니 거부한다: 김예슬 선언』, 느린걸음 2010, 12, 13, 39면.

다. 2015년에는 한 대학원생이 『나는 지방대 시간강사다』라는 책으로 대학 내 열악한 노동 환경을 폭로했다. 그는 대학을 학부생, 대학원생, 시간강사로 이어지는 노동력 착취의 구조[7]가 공고화된 괴물로 묘사했다. 또한 자신이 생활비를 벌기 위해 일한 맥도날드의 노동자 처우가 대학원생이나 시간강사 처우보다 나았다고 이야기하며, 기본적 사회안전망과 인간적 존중을 제공하지 않는 대학을 떠난다고 말했다. 그는 대학이 학문에 대한 환상을 강요함으로써 내부의 부정의를 은폐한다고 주장하며, 사회와 기업에서 통용되는 상식이 오히려 통하지 않는 대학의 민낯을 드러냈다.

교수 역시 이러한 경쟁과 과로의 대학 구조를 견디기 어렵다는 목소리도 나왔다. 사회학자 조형근은 2019년 교수직을 사임하며, 대학이 평가와 실적 중심으로 변질되었음을 비판하는 다음과 같은 칼럼을 게재해 큰 화제가 되었다.

> 떠난 직장을 탓하기보다는 한국 대학과 지식생산 체제의 구조적 문제를 짚고 싶다. 나는 공부가 좋았고 가르치기를 즐겼다. 영락없이 서생이다. 다만 게을렀다. 대학, 한국연구재단, 교육부가 요구하는 실적 경쟁에 부적합했다. 수많은 학술행사와 잡무, 수시로 날아오는 공문과 각종 평가, 주민 대상 봉사활동 등등. 이 모두를 위한 끝없는 회의와 전화 통화와 메일 작성과 서류작업에 탈진했다. 밤 열시 전 퇴근한 기억이 거의 없다. 연구자가 아니고 기획사 직원 같았다. (…) 독서와 사색이 대학 교수에게 사치라니 어쩌다 이렇게 됐을까?[8]

결국, 지난 30여년간 진행된 대학 구조조정은 대학을 하나의 거대한 스펙 공장으로 만들었다. 대학은 공공적 지식을 모색하고 발전시키는 공간이 아니

7   309동 1201호(김민섭) 『나는 지방대 시간강사다』, 은행나무 2015, 13면.

8   조형근 「대학을 떠나며」, 『한겨레』 2019. 11. 10.

라 연구 실적과 취업률을 극대화하는 기관으로 변모했다. 대학에 지식공동체나 생활공동체의 역할을 기대할 수 없게 되면서 대안적 지식으로서의 페미니즘의 위치 또한 위태로워졌다. 이러한 대학에 여성들의 자리는 어디일까?

3. 여성은 늘었지만 여전히 비주류

한국 대학이 성과주의 체제로 재편된 시기는 대학에 여성 구성원이 급격히 증가한 시기와 맞물린다. 1980년대까지만 해도 대학 교육은 소수에게만 허용된 기회였다. 아들은 대학에 가고 딸은 공장에서 일하며 오빠와 남동생의 학비를 대는 일이 흔했다. 하지만 1990년대 중반, 대학 진학률이 50%를 넘어서면서 고등교육은 더이상 선택받은 소수의 전유물이 아니게 되었고, 자녀 수가 감소하면서 여성도 대학에 보내는 것이 자녀에 대한 자연스러운 지원으로 인식되었다. 2000년대 중후반부터 여성의 대학 진학률은 남성을 추월했고, 현재까지도 약 5~8% 높은 수준을 유지하고 있다.

또한 대학원생 수가 늘어나면서 여성 대학원생 비율 역시 가파르게 상승했다. 1995년 28.1%에 불과했던 여성 대학원생 비율은 2018년 절반을 넘어 2023년에는 52.9%에 도달했다.[9] 이처럼 증가하는 여성의 고등교육 참여 비율이 성평등 지표로 간주되기도 하면서, 교육 분야에서는 성차별이 상당히 해소된 것처럼 보이는 경향이 있다. 하지만 정말 그러한가?

여성이 대학과 대학원에 더 많이 진입하면서 직업 선택의 기회가 확대되고, 능력 중심 사회에서 경쟁력을 갖춘 여성들에게 새로운 가능성이 열린 것도 사실이다. 그러나 대학 내 성별 격차가 사라졌다고 보기는 아직 이르다.

[9] 대학 구성원 현황과 성비에 관한 통계는 교육부의 각 연도 『교육통계연보』를 참고했다.

먼저, 전공 선택에서 성별 편차가 지속되고 있다. 대학 내 여학생의 비율은 눈에 띄게 증가했지만, 공학 및 자연과학 분야에서 여성은 여전히 소수에 머물러 있다. 자연 계열의 여학생 비율이 증가했지만, 이는 의상학과·소비자아동학과·식품영양학과처럼 여학생 비율이 절대적으로 높은 전공이 자연 계열에 포함된 결과다. 공학 계열의 여학생 비율은 학사과정에서 20%대, 석사과정에서 17~21%, 박사과정에서는 13~18%로, 여성은 소수에 불과하다.[10] 반면, 인문사회 및 예체능 계열의 여학생 비율은 60~70%를 넘어서고 있다. 이는 전공에 따른 성비 불균형이 지속되고 있음을 보여준다.

또한 학계 내에서 여성의 경력 발전은 여전히 한계를 보인다. 여성 대학원생이 늘었음에도 박사과정의 여성 비율은 30~40% 초반에 머물러 있으며, 경력의 사다리를 오를수록 여성의 숫자는 줄어든다. 관련 통계[11]를 보면 더욱 명확해진다. 대학의 여성 교원 비율은 1995년 20.7%에서 점차 증가해 2020년 33.4%에 도달했다. 그러나 이는 강사 및 비전임교원을 포함한 수치로, 여성 전임교원 비율은 여전히 20% 중후반대에 머무르고 있다. 국공립대 여성 전임교원의 비율은 1995년 8%에서 2005년 10.7%로 증가한 이후, 2020년에도 14.5%에 불과하다. 전공별 성비를 보면, 인문사회·예체능 계열의 여성 교수 비율은 각각 28.4%와 35%지만, 공학 계열에서는 겨우 5.8%에 그친다.

이뿐만 아니라 직급별 여성 교수 비율을 보면 조직 내 위계에서 직급이 높아질수록 여성이 줄어드는 현상이 더욱 뚜렷하다. 2018년 기준 조교수 직급의 여성 비율은 39.2%이지만, 부교수는 28.6%, 정교수는 16.7%이고, 비정규직 교수와 시간강사 중에는 여성의 비율이 압도적으로 높다. 여성들은 계속해서 학계의 주변부에 머물러 있는 것이다.

---

10   한국여성과학기술인지원센터 『2018년도 젠더기반 과학기술인 양성 및 활용통계 재분석 보고서』, 2019; 한국여성과학기술인지원센터 『2010-2019 남녀 과학기술인력 현황』, 2020 참고.

11   교육부 『2020 교육통계 분석자료집: 고등교육통계편』, 한국교육개발원 2020 참고.

대학 내의 중요한 의사결정권을 가진 직위에서도 성별 격차는 극명하다. 2020년 기준으로 4년제 대학 총장의 90% 이상이 남성이며, 부교수 이상 전임교원의 약 80%가 남성이다. 이처럼 대학 내 성비 불균형은 단순히 여학생 수를 늘리는 것만으로 해결할 수 없는 문제다. 여성들이 대학에서 중요한 역할 모델을 찾기 어려운 현실은 여전하며, 조직 내에 다양성이 충분히 반영되지 못하고 있다.

사회학자 로자베스 모스 캔터Rosabeth Moss Kanter는 조직 내 여성 구성원의 비율이 30~35% 미만일 경우, 이들은 개인이 아니라 '여성 집단의 대표'로서 과잉 대표되거나 주목받는다고 지적했다.[12] 이는 대학에서도 마찬가지다. 소수의 여성 교수는 개인의 업무 실수조차 여성 집단의 문제로 치부되는 압력을 받고 있으며, 대학 내에서 여성 연구자들은 독립적인 개체로 인정받기 어려운 구조적 한계를 겪고 있다.

실제로 내가 만난 여성 연구자들은 압도적인 능력이나 계급적 배경을 갖추거나 가족의 지원을 받지 않으면 학계에 안정적으로 자리잡기 어렵다고 이야기한다. 대학의 성과주의 시스템은 끊임없이 연구 실적을 요구하는데, 돌봄의 부담이 상대적으로 큰 여성 연구자들에게는 이 요구가 더 가혹하게 작용한다. 한 여성 연구자는 박사과정 중 결혼을 했을 때 남성 지도교수와 동료들이 '이제 연구에 전념하기 어렵겠네'라며 자신을 애제자 그룹에서 밀어낸 경험을 이야기했다. 또다른 여성 연구자는 임신 소식을 전하자 여성 지도교수조차 그녀를 '커리어를 손놓은 사람'처럼 바라보았다고 회고했다.

이러한 환경 속에서 여성 연구자들은 정규직 기회를 기다리며 최대한 '버티거나' 모든 면에서 '완벽하거나' 하는 선택지밖에 없다고 느낀다.[13] 그러나 정규직 교수로 살아남는 것이 극소수에게만 허락된 현실에서 여성들은 지속적

---

12   Rosabeth Moss Kanter, *Men and Women of the Corporation*, New York: Basic Books 1977.

13   김정인·김지수·김화연·천주희 『인문사회 분야 여성 신진연구자 실태에 관한 연구』, 경제·인문사회연구회 2022.

인 불안에 시달린다. 내가 만난 한 지역 대학원생은 "교수는 남자가 하고, 일은 여자가 하잖아요"라고 말하며 이 암묵적 룰을 많은 여성 대학원생들이 체득하고 있다고 이야기했다. 현실을 잘 알지만 어떻게든 살아남고 인정받기 위해 역설적으로 더 열심히 일하고 일종의 '정신승리'를 하면서 자신의 희망을 붙잡고 있다고도 말했다. 이들의 취약한 지위와 불안은 대학이 이들을 값싸고 쉽게 활용할 수 있게 한다.

결국, 대학 내 여성 연구자들은 안정적인 자리를 확보하지 못한 채 대학의 노동력을 유지하는 '불안정 지식 노동자'로 남아 있다. 여성 구성원이 증가했음에도 불구하고, 그들이 대학과 학계 안에서 가지는 영향력은 여전히 제한적이며 성별에 따른 경력 격차 또한 변함없다.

4. 생태계 교란종이 된 페미

여성을 비주류로 몰아내는 대학에서 페미니즘의 상황도 녹록지 않다. 1977년 이화여대에서 최초로 여성학 강좌가 개설된 이후, 1984년 한국여성학회가 창립되고 1987년 여러 대학의 총여학생회의 요구로 여성학 교양강좌가 개설되는 등 여성학 연구와 교육이 점진적으로 확산되었다. 1990년대 들어 여성학 대학원 과정이 설치되고 여러 전공 분야에서 젠더 이슈를 다루는 학술지와 잡지가 발간되면서 여성학은 학문적 체계를 구축해나갔다. 그러나 2000년대 이후 대학 구조조정의 흐름 속에서 여성학과는 통폐합되거나 축소되었으며 여성학 강좌와 그 수강생 수도 점차 줄어들었다.[14]

---

14 김혜경·남궁명희·이순미 「지역에서의 여성학 교육의 현재와 역사적 특성: 전북지역 및 전북대학교를 중심으로」, 『한국여성학』 25권 3호, 2009; 이나영 「한국 '여성학'의 위치성: 미완의 제도화와 기회구조의 변화」, 『한국여성학』 27권 4호, 2011.

이러한 변화의 배경에는 학문적 가치보다는 경제적 수익성과 취업률이라는 기준에 따라 여성학을 평가하는 구조가 자리잡고 있었다. 협동과정 위주의 운영은 대학 내에서 경쟁력을 유지하기 어려웠고, 여성학은 '돈이 되지 않는 학문'이라는 인식이 확산되면서 학생과 연구자 들의 관심에서도 멀어졌다.

학생들의 여성주의 활동도 예외는 아니었다. 2000년대 중반 이후에도 대학 내 여성운동과 페미니즘 활동은 지속되었지만, 선배 활동가의 부재와 경제적 자원의 부족으로 인해 상당한 어려움을 겪었다. 1990년대 대학 페미니스트들은 학생회의 위계적 운영 방식을 비판하며 자발적이고 수평적인 네트워크를 지향했다. 고정된 직책이나 조직 형태가 내부의 민주주의나 자유로운 실험을 막는다고 보았고, 때에 따라 모였다 헤어지는 기획단 형식이나 프로젝트 베이스의 운영 방식을 선호했다. 역할에 매이기보다는 현재 하고 싶은 것에 집중하는 활동 방식은 학생 자치가 활발한 상황에서는 계속될 수 있었다. 하지만 학생 간 경쟁으로 학생 사회가 파편화되고 운동적 활력이 떨어진 2000년대 이후 이러한 방식은 페미니스트들이 활동의 노하우를 전수하고 갱신할 수 있는 장기적인 기반을 마련하는 데 한계를 드러냈다.[15]

더불어, 대학 페미니즘이 경제적 불평등과 젠더 문제가 교차하는 지점을 충분히 조명하지 못한 한계도 있었다. 1990년대 말~2000년대 초반에 '관악'과 '신촌'이 아니라 '주변부' 대학에서 페미니즘 활동을 해왔다고 회고하는 한 여성은 당시 대학 내 페미니즘이 IMF 경제위기 이후 여학생들이 겪는 취업난과 빈곤, 주거 문제 등에 대한 관심이 부족했다는 반성을 드러낸다. 또한 문화운동 중심의 흐름에 집중되어 좀더 구조적 문제를 다루는 데 미흡했다고도 평가한다.

우리는 한편으로는 문화운동의 흐름을 따라가기 바빴고, 시립대 여학생들의 주된

---

15 한종태 「2000년대 중반 이후의 대학 내 여성주의 운동 연구」, 성공회대학교 NGO대학원 석사학위논문, 2014.

문제인 빈곤, 노동, 경제에 관한 고민을 중심에 놓고 전체 그림을 짜는 데 실패했다. 가령 우리들은 좀더 성의 문제를 계급의 문제와 연결시켰어야 한다고 생각한다.

성폭력에 관한 우리의 논의들은 아르바이트를 몇개씩 하면서 더 위험하지만 그래서 더 저렴한 자취방에 거주하는 여학생들이 일터와 집에서 마주하는 성폭력에 더 초점을 맞췄어야 한다고 생각한다. 즉, 성폭력 근절이라는 의제를 공유하면서도 '저소득층 여학생'이기 때문에 겪는 성폭력에 더 집중할 수 있어야 했다.[16]

이 여성의 글은 동질적 집단으로 여겨진 여학생 내부의 차이를 지적하고 서울 중심주의, 학벌주의, 계급 차이에 대한 맹목을 짚는다. 이러한 지적을 참고하자면, 1990년대 활발했던 대학 반성폭력 운동은 일부 '명문대' 소속 여학생들에게 부여된 사회적 인정 속에 파급력을 획득할 수 있었던 것이기도 했다. 그곳이 아닌 곳에서 여학생들은 기존 학생운동에서의 이탈이 어려운 "험로"[17] 속에 활동해왔고, 활동 과정과 결과의 기록도 불균등하게 이루어졌다. 1985년에서 2005년까지의 부산대 총여학생회 활동을 정리한 임봉은 1990년대의 진보적인 대학 분위기에서도 부산대 내 페미니즘이 부차적으로 여겨졌으며 '우리가 남이가'로 대표되는 폐쇄적 지역 의식 등으로 학생 사회에서 여성 주체가 형성되는 과정이 매우 지난했음을, 이 '험로'란 단어로 표현했다. 학생운동과 마찬가지로, 향수 어린 시선으로 대학 페미니즘을 기억하는 것에 우리가 주의를 기울여야 할 이유다. 나의 경험과 인식도 특권적 토양에서 가능했던 것임을 깨닫는다.

이러한 대내외적 환경 속에서 시간이 지날수록 대학 내 페미니즘의 입

16   황주영 「'학생회'로서 총여와 대학 내 페미니즘 운동의 비전」, 2019 차세대 페미니즘 연구-활동가 포럼 '대학 페미니즘 이어달리기: 총여학생회 폐지, 그 너머를 상상하라' 자료집, 2019, 34~35면.

17   임봉 「부산대 총여학생회의 탄생과 자체종결까지」, 2019 차세대 페미니즘 연구-활동가 포럼 '대학 페미니즘 이어달리기: 총여학생회 폐지, 그 너머를 상상하라' 자료집, 2019, 21면.

지는 좁아졌다. 학내 총여학생회, 여성주의 소모임, 페미니즘 교지 편집위원회가 활동을 중단하거나 점차 소규모의 비공식적인 모임으로 축소되었다. 한편, 여학생들이 개별화되고 스펙 쌓기의 장에 뛰어들면서 대학 내 페미니즘 운동은 학문적 성과주의 및 경쟁 논리에 반하는 '이상한 것' '쓸모없는 것'으로 낙인찍히기도 했다. 페미니즘을 실천하는 학생들은 대학의 기존 질서를 위협하는 '생태계 교란종'처럼 여겨지며 완전히 별종 취급을 받고 있다.

이와 같은 흐름 속에서 학내 성평등 정책도 실질적인 변화를 만들어내기 어려웠다. 2000년대 국공립대 여성 교수 채용목표제나 이공계 여성 인력 육성 정책이 도입되었지만, 이는 남성 중심 학문 구조를 뒤흔들기보다는 그에 대한 제한적인 보완책으로 활용되었다. 여성 교수 채용목표제는 성별 형평성이 고려된 정책이었음에도 불구하고, '여성만을 위한 특혜'라는 반발에 부딪히며 강제성이 없는 권고 규정에 그쳤다. 이공계 여성 인력 육성 정책 또한 남학생들의 부정적 인식과 여학생 스스로가 프로그램에 참여하는 것을 '능력 부족'으로 받아들이는 경향으로 인해 실질적인 성과를 거두지 못했다.

결국, 2000년대 이후 대학 내 페미니즘은 대학 구조조정과 성과주의적 평가 방식, 그리고 학내 성평등 운동의 축소 속에서 점점 더 주변화되었다. 이러한 상황 속에서도 '대학 페미'들은 끊임없이 새로운 방식으로 연대하고 변화를 모색하고 있다. 과거의 방식이 한계에 부딪혔다면, 이제는 대학의 구조적 문제를 함께 고민하고 더 포괄적인 운동을 전개할 필요가 있는 것은 아닐까? 여전히 대학을 지식과 비판이 교차하는 공간이라고 생각하고 페미니즘 역시 그 안에서 지속적인 저항과 실천의 힘을 발휘할 수 있다고 믿는다면 말이다.

5. 페미니즘이 대학을 구한다 [18]

최근 한국사회에서 대학의 공공성이 훼손된 현실은 여러 사건을 통해 명백히 드러났다. 2016년 정유라의 부정 입학 사건, 2019년 조국 전 법무부 장관의 자녀 특혜 논란, 2022년 김건희의 논문 표절 의혹 등, 대학이 특권층의 이익에 복무하는 사례들이 반복적으로 발생했다. 그뿐만 아니라, 일부 사학재단과 대학 운영진은 내부의 민주적 절차를 무시한 채 사적 이익을 추구하는 거버넌스 관행을 지속하고 있다. 한국 대학 자체의 구조적 문제는 학내 권력과 자원이 소수에게 집중되고 평등한 학문 환경이 조성되지 못하는 핵심 원인이 되고 있다.

이처럼 불평등과 위계가 극대화된 환경에서 대학의 공동체성은 훼손되었고, 대학은 여성과 페미니즘이 살아남기 어려운 곳이 되었다. 단순히 대학 내 여성의 수가 증가하고 일부 여성이 고위직에 오르는 것만으로는 성평등이 실현되었다고 보기 어려운 이유다. 페미니즘이 대학 내에서 지속되기 위해서는 반드시 대학이 공동체적 가치가 실현되는 공간으로 재구성되어야 하며, 아울러 페미니즘 스스로 그러한 재구성에 적극적으로 참여해야 한다. 내가 목격한 재구성의 모습을 소개하며 결론을 대신하고자 한다.

2010년대 후반 시기 내가 젠더사회학을 가르치며 만났던 학생들은 학내 성폭력 문제뿐 아니라 여성 교수 채용 요구, 학내 시간강사 문제, 교양과목 통폐합 문제, 학내 비정규직 직원 차별 문제에도 적극적으로 움직이고 있었다. 대학 미투 운동에 참여한 학생과 여성 구성원들이 대학개혁 이슈에 관심을 갖고 연결되는 모습도 보았다. 예를 들어, 2010년대 후반 고려대학교와 중앙대학교에서는 강사, 학부생, 대학원생 들이 연대하여 강사법의 올바른 시행을 요구하는 움직임이 있었다. 이러한 연대는 이들이 단순히 수업권 보장을 요구하는 것을 넘어, 고등교육 시스템 전반의 문제와 학문 재생산 구조를 비판적으로 검토하는 계기가 되었다. 대학 페미들은 학내 성평등과 사회적 인식 개선을 위해 노력하는 것에 더해 다양한 방식으로 연대하고 변화를 모색하고 있다. 다시 말해 대학 내

18 필자가 대담자로 참여한 대담의 제목을 빌려왔다. 백영경·유현미·전희경·최나현 「페미니즘이 대학을 구한다」, 『창작과비평』 2019년 여름호.

페미니즘 실천은 학생뿐 아니라 강사, 연구자, 직원 등 다양한 주체들이 참여하여 다양한 공동의 목표를 추구하는 형태로 나아가고 있다.

이런 모습을 보며 페미니즘이 성과주의의 관성에 찌든 대학을 바꿀 핵심적인 돌파구라고 느꼈다. 2024년 11월 시작된 동덕여대의 남녀공학 전환 반대 시위도 사학재단의 오래된 비리와 일방적 의사결정 관행을 문제 삼고 있다. 대학 페미니즘은 '페미니즘이 무엇이어야 하는가'라는 질문과 함께 '대학이 무엇이어야 하는가'라는 질문에 직면해 있는 것이다.

따라서 페미니즘은 대학과 학계를 개혁하는 활동과 적극적으로 연결될 필요가 있다고 생각한다. 어떤 활동들이 가능할까? 모두 다룰 수는 없지만 내가 대학에 20년 넘게 속해 있다가 접하게 되어 참여하고 있는 활동, 단체를 부족하지만 소개한다. 우선 2020년 창립된 '지식공유연대'는 대학과 학문의 공공성을 회복하기 위한 지식인 및 연구자 들의 연대로, 학문이 시장 논리에 종속되지 않고 사회적 공공재로 기능할 수 있도록 대안을 모색하고 연구한다. 이들은 학술 지식이 해피캠퍼스 등 영리 플랫폼의 판매 상품이나 개인의 소유물이 아니라 집합적 노력과 교류가 낳은 산물임을 강조한다. 학술 지식에 대한 모두의 평등한 접근권을 확보하기 위한 오픈액세스Open Access 운동 등을 활발히 벌이고 있다. 더불어 지식을 생산하는 연구자들의 권리를 확보하기 위해 연구자 권리 선언, 연구자복지법 제정, 연구자를 위한 사회주택 설립, 연구자 공제회 설립 등의 활동을 '연구자의 집' 등 유관 단체들과 함께 펼치며 여성 연구자들의 열악한 현실에도 관심을 기울이고 있다.[19]

다음으로 대학문제연구소는 2016년부터 시민과 대학 구성원들이 대학 개혁의 방향을 논의하는 장을 마련하기 위해 학술지 『대학: 담론과 쟁점』을 간행하고 있다.[20] 이 학술지는 대학의 공적 역할과 학문의 사회적 가치, 지식노동자의 권리를 탐구하며 기존의 성과주의적 대학 구조를 넘어서는 대안을 모색하는 데 기여하고 있다. 나는 얼마 전부터 이 학술지의 편집위원으로 참여하면서 대학 개혁 논의의 흐름과 다양한 이슈, 쟁점을 공부하는 한편 이 논의에 젠더적 관점을 입히고 페미니스트들의 참여를 독려하는 방법은 무엇일까 궁리 중이다.

사실 한국에서 대학개혁 관련 활동은 1987년 민주화 이후 교수·강사 협의체나 노동조합이 주로 해왔다. 대표적으로 '민주평등사회를 위한 전국 교수연구자협의회'(민교협)는 대학의 공공성과 학문의 자율성을 강화하기 위해 지속적으로 활동해왔으며, 강사노조와 비정규직교수노조는 대학 내 비정규직 교원의 처우 개선과 노동권 보장을 위해 실질적인 노력을 기울이고 있다. 학내 불안정 노동자와 비정규직 교원 중 여성이 많다는 사실을 염두에 둔다면 이러한 조직들과의 협력은 대학 내 성평등을 실현하는 과정에서도 필수적이다. 박사가 되고 강사·연구원 생활을 하면서 대학개혁 운동 관련 단체 및 활동가들과도 조금씩 접촉하고 있는데, 이러한 단체에서는 여전히 여성 연구자의 목소리나 젠더 의제, 페미니스트들의 존재감이 강하지 못하다. '대학 페미'들이 활동 현장으로 삼아 이들과 서로 시너지를 내보면 어떨까.

마지막으로 대학원생노동조합이 있다. 대학원생노동조합은 대학원생 인권침해와 노동 착취에 대응하기 위해 2018년 2월 출범했다. 민주노총 전국공공운수노동조합 산하 지부로, 대학원생이 대학에서 담당하는 노동과 역할, 이들의 권리와 책임의 문제를 집단적으로 다룬다. 이들은 2010년대에 부각된 대학원생의 열악한 현실과 폭력피해 사건을 성과주의적 대학 체제의 모순이 발현된 현상으로 인식하고 대학의 민주적 재구축을 통해 대학원생 문제를 해결하고자 한다. 나는 대학원생 동료가 겪은 성희롱 피해에 대응하는 과정에서 대학원생노조 창립 멤버들을 만났고 그들의 활동과 연관을 맺게 되었다. 이를 통해 대학(원) 내

대학문제연구소 홈페이지(kius.or.kr) 참고.

성폭력 문제의 해결이 학계의 비대칭적 권력관계와 자원 배분을 개혁하는 일과 분리될 수 없음을 명확히 깨칠 수 있었다. 대학원생노조 초대 지부장 구슬아는 위로부터의 일방적 구조조정에 맞선, 아래로부터의 구조의 재구성을 다음과 같이 말한다.

> 구조적 관성의 역사라 정의한 대학의 잔혹사를 돌아볼 때마다, 그리고 현재에도 진행 중인 관성의 강력한 자동운동을 목격할 때마다 떠오르는 질문이 있습니다. "역사를 만들어가거나 뒤집을 수 있는 능력이 인간에게 고유성으로 깃들어 있는가?"라는 물음이 그것입니다. (…) 사람들이 특정한 형식에 따라 결합한다면 구조적 관성의 역사에 **어떤 결절 혹은 흠집을 만드는 것**은 가능하다고 생각합니다. 달리 표현하자면 목표와 가치, 이해 관심과 전략을 공유하는 개인들의 잘 조직된 공동체만이 구조적 관성을 비트는 또다른 운동성을 담지한다는 이야기입니다. (…) 어쩌면 대학의 진보에 요구되는 것은 대단하고 유별난 무언가가 아니라 연구 대상에 기울이던 주의를 연구 그 자체가 묶여 있는 일상의 세계에도 할애하는 동시에 탈정치로 포장되어온 반정치적 이데올로기와 손절하는 연구자의 전회일 것입니다. (…) 지식 생산을 담당하는 직군의 성원들에게는 연구의 질적, 양적 성취 외에도 생산 영역의 환경과 질서를 단속해야 할 사회적 책임이 있습니다. 나중에 이곳에 올 사람들에게 전해야 할 것은 사유의 편린들과 활자, 기술적 숙련만이 아닙니다. **자유롭고 평등한 삶을 뒷받침할 구조를 내포한 지식 생산의 토양 또한 함께 건네야 합니다.** (강조는 인용자)[21]

페미니즘은 대학에 어떤 결절과 흠집을 내왔고 낼 것인가? 어떠한 토양을 함께 다져나갈 것인가? 2024년 12월 3일 이후, 응원봉을 든 여성들이 노조에

---

[21] 구슬아 『연구자가 세상에 말을 건네는 방법: 대학원생·연구자의 글쓰기와 조직 운동』, 연두 2024, 209~11면.

연대하고 가입한다는 소식이 들린다. 대학원생노조에도 가입이 폭증했다고 한다[22]. 이들은 금속노조 거제통영고성조선하청지회의 투쟁 현장, 혜화역의 장애인이동권 집회 등 여러 저항 행동에 함께하며 동덕여대 공학 전환 반대를 페미니즘 실천이자 학내 민주화 투쟁으로 자리매김하기도 했다. 이들과 함께, 이들을 만나기 위해 대학을 다양한 존재들이 함께하는 회복력 있는 생태계로 만드는 일이 절실하다.

22 정두호 대학원생노조지부장은 "신규 가입자 90%가 20대 여성으로 민주노총에 함께하고 싶어 가입했다는 조합원이 많다"고 말했다. 「"노조 활동하며 이런 경험 처음" … 내란에 분노한 시민들이 힘을 나눈다」, 『한겨레』 2025. 1. 13.

참고문헌

교육부, 2020, 『2020 교육통계 분석자료집: 고등교육통계편』, 한국교육개발원.

구슬아, 2024, 『연구자가 세상에 말을 건네는 방법: 대학원생·연구자의 글쓰기와 조직 운동』, 연두.

김예슬, 2010, 『오늘 나는 대학을 그만둔다, 아니 거부한다: 김예슬 선언』, 느린걸음.

김정인·김지수·김화연·천주희, 2022, 『인문사회 분야 여성 신진연구자 실태에 관한 연구』, 경제·인문사회연구회.

김혜경·남궁명희·이순미, 2009, 「지역에서의 여성학 교육의 현재와 역사적 특성: 전북지역 및 전북대학교를 중심으로」, 『한국여성학』 25권 3호.

노유진·김윤배·이광희·장경수, 2016, 『2016년도 전국대학 대학연구활동 실태조사 분석보고서』, 한국연구재단.

대통령자문교육개혁위원회 엮음, 1995, 『세계화·정보화 시대를 주도하는 신교육체제 수립을 위한 교육개혁 방안』, 교육개혁위원회.

309동 1201호(김민섭), 2015, 『나는 지방대 시간강사다』, 은행나무.

이나영, 2011, 「한국 '여성학'의 위치성: 미완의 제도화와 기회구조의 변화」, 『한국여성학』 27권 4호.

임봉, 2019, 「부산대 총여학생회의 탄생과 자체종결까지」, 2019 차세대 페미니즘 연구-활동가 포럼 '대학 페미니즘 이어달리기: 총여학생회 폐지, 그 너머를 상상하라' 자료집.

임소연, 2021, 「"여자가 공대는 무슨" 오랜 편견 넘어서려면」, 『한겨레』 2021. 6. 25.

전희경, 2008, 『오빠는 필요없다: 진보의 가부장제에 도전한 여자들 이야기』, 이매진.

조형근, 2019, 「대학을 떠나며」, 『한겨레』 2019. 11. 10.

채효정, 2021, 「[워커스 사전] 능력주의」, 『참세상』 2021. 6. 30.

한경희·박준홍·강호정, 2010, 「공학과 젠더: 공학교육에 어떻게 적용할 것인가?─여학생 공학 교육 선도대학(WIE) 사업 분석과 운영 경험을 중심으로」, 『공학교육연구』 13권 1호.

한국사립대학총장협의회, 2021, 『한국의 대학 총장: 2020·2021년 대학 총장 통계』.

한국여성과학기술인지원센터, 2019, 『2018년도 젠더기반 과학기술인 양성 및 활용통계 재분석 보고서』.

한국여성과학기술인지원센터, 2020, 『2010-2019 남녀 과학기술인력 현황』.

한종태, 2014, 「2000년대 중반 이후의 대학 내 여성주의 운동 연구」, 성공회대학교 NGO대학원 석사학위논문.

황주영, 2019, 「'학생회'로서 총여와 대학 내 페미니즘 운동의 비전」, 2019 차세대 페미니즘 연구-활동가 포럼 '대학 페미니즘 이어달리기: 총여학생회 폐지, 그 너머를 상상하라' 자료집.

「"노조 활동하며 이런 경험 처음" … 내란에 분노한 시민들이 힘을 나눈다」, 『한겨레』 2025. 1. 13.

「서울대, 14년 만에 '학점 상대평가제' 대폭 손질」, 『한국경제』 2018. 3. 16.

Kanter, Rosabeth Moss, 1977, *Men and Women of the Corporation*, New York: Basic Books.

대학을 바꿔온 반성폭력 운동, 정체성을 하나 이상 공유하는 일[1]

유현미

1. "우리의 연대가 봄을 꽃피운다"

오래된 대학 교정에는 아름드리 자란 나무들이 많다. 한 대학 교정의 나무에 분홍빛 리본이 매여 있다. 리본에 "우리의 연대가 봄을 꽃피운다"라는 문구가 적혀 있다. 이는 2019년 공론화된 S대 A교수에 의한 성희롱 사건에 대응한 학생들의 슬로건이다. 그들의 이야기는 지금 대학의 도서관이나 강의실 안에서는 잘 들리지 않는다. 하지만 이런 모습으로 분명히 대학 안에 남아 있다. 비록 눈에 잘 띄지 않더라도 여전히 아름답게 휘날리고 있는 리본의 의미를 이 글에서 나누고 싶다. 대학에서 대학을 함께 바꾸고자 했던 이들의 이야기이다. 성평등한 공동체의 구축이 불가능한 상상이 아니라는 것, 우리가 이미 그 변화의 자장 속에 있다는 것을 대학 미투#Me Too 운동의 경과를 살피며 짚어내고자 한다.

2010년대 중후반 페미니즘이 대중화되고 일상에서 성평등을 실현하려는 움직임이 사회적으로 넘실거리면서 대학에서도 미투 운동이 일어났다. 2018~19년 당시 미투 운동이 보도된 대학·학과의 수만 30곳 이상이다. 남성 교·강사의 가해 행위는 물론 남학생들의 단톡방 성희롱이나 집단화된 여학생

---

[1] 이 글은 졸고 「청년 여성들의 성평등 실천, 그 가능성과 한계」(『공공사회연구』 12권 4호, 2022)의 일부를 전면 보완·재서술한 것이다.

그림 1 대학 교정의 나무에 매달린 리본
(사진: 필자).

품평 문화, 대학별 익명 온라인 커뮤니티에서의 여성혐오 게시글 등 다양한 문제들이 드러났다. 그러나 대학 미투 운동에서 특히 많이 조명된 것은 주로 교수에 의한 성폭력 사건이었다. 가해 행위가 대학과 학계에서의 지위 및 영향력을 바탕으로 이루어졌다는 점이 이 사건들의 공통점이었다. 그래서 '교수 갑질'이라고 명명되어 이야기되기도 했다.

사실 대학 내 성폭력 사건은 언제나 존재했다. 1990년대부터 이어져온 대학 반성폭력 운동이 개별 사건을 일련의 문제적 현상의 일부로 해석하며 '대학 내 성폭력 문제'를 인식의 지평 위로 떠오르게 했다. 그 흐름을 이어받아 대학생과 여성들이 주도했던 대학 미투 운동은 당시 산발적으로 보도되던 교수에 의한 성폭력 사건을 '권력형 성폭력' '위력에 의한 성폭력' '위계位階형 성폭력'이라는 단어로 재정의했다. 일례로 국민대, 서울대 등 8개 대학 여학생들이 시작해 약 20개 대학의 페미니즘 소모임과 여학생들이 결합한 '펭귄 프로젝트'는 2017~18년에 단톡방 성희롱이나 디지털 성폭력 문제, 교수에 의한 성폭력 사건에 함께 대응하며 학내 성평등 문화 확산을 위한 연대체 활동을 진행했다.[2]

대학 내 성폭력 피해 폭로와 대응모임이 늘어나면서, 성폭력이 개별 학과나 대학을 넘어선 한국 대학 전체의 문제로 인식되었다. 대학 미투 운동에 대한 사회적 관심이 확산되자 정부도 '교육 분야 성희롱·성폭력 근절 대책'을 발표했고 후속 입법이나 대책 마련, 실태조사가 잇따랐다. 2018~19년, 대학 미투 운동은 2010년대 대학가 '춘투春鬪'의 핵심인 등록금 투쟁을 대체할 정도로 대학 사회를 휩쓸었다.

2000년대 중반 대학에 들어와 2010년대에 대학원 석·박사 과정을 거친 나는 2017~18년, 약 2년간 소속 학과에서 일어난 교수에 의한 성희롱·갑질 사건의 대학원 대책위원회에서 활동했다. 대학 미투 운동의 물결에도 자연히 합

2   김보영·김보화 『스스로 해일이 된 여자들』, 서해문집 2019.

류하게 되었고, 다른 대학 사건의 피해자와 조력자 들을 기자회견, 집회, 토론회 등의 자리에서 만날 수 있었다. 이들과 사건 대응 전략을 함께 짜거나 연대 활동을 하며 신뢰를 쌓을 수 있었다. 인연은 2020년대까지 이어졌고, 나는 대학 미투 운동이 그에 연루된 이들의 삶에 깊은 흔적을 남긴다는 것을 목격할 수 있었다. 이를 구체적으로 설명하고자 박사학위논문을 대학 내 성폭력 문제에 관해 쓰기로 결정하며 여러 사건의 피해자와 목격자, 학내 담당기구(성평등센터, 성희롱·성폭력상담소, 인권센터) 실무자들을 공식적으로 만나 인터뷰하고, 관련 문헌 자료들을 수집·검토했다. 이 과정에서 길어 올린 이야기를 삶과 대학을 바꾸는 페미니즘의 측면에서 나누고 싶다.

2. 대학 반성폭력 운동, 남성중심적 대학 문화에 딴지를 걸다

2000년대 들어 학내 성희롱·성폭력에 관한 규정 및 절차가 마련되면서, 대학 내 성폭력 문제에 관한 관심은 실태조사나 정책 개선안 제시 위주로 표현되었다. 그러나 대학 미투 운동이 진행되며 다시금 운동적 측면에서 이 문제를 이해하는 것의 중요성이 대두했다. 운동의 역사적 연속성과 현재적 특성을 이해하기 위해 1990년대 대학 반성폭력 운동의 초기 모습을 먼저 살펴보자.

1990년대에 대학에 여학생들이 늘어나면서 여학생 정체성을 기반으로 한 다양한 학생 자치활동이 일어났다. 학생운동의 영향력이 약해지고 성별에 따른 학생 내부의 차이가 인식된 그때, 여학생들은 남학생들이 주도한 학생운동의 폭력성과 대학 문화의 남성중심성을 비판했다. 당시 여학생들의 경험을 풍부하게 담고 있는 기록에는 다음과 같은 언급이 있다.

대학 입학생 중 여학생 비율이 30퍼센트를 넘어서자 학교 측에서 나온 "교세가 기운다"는 염려와 여성 활동가가 늘어나고 "사람(남성)이 없어"지면서 떠돌던 학

생운동의 '위기'에 대한 걱정은 묘하게 닮아 있고 또 겹쳐진다.[3]

이 글은 여학생의 증가가 대학의 위신 추락과 학생운동의 '위기'로 치환되던 현실을 가리키고 있다. 여성이 수적 소수가 아닐지라도, 아니 오히려 여성 구성원의 증가가 조직과 집단의 위상을 저해한다는 인식이 여성 범주의 소수자성을 시사한다.

1990년대 학생운동 내 여학생들은 정권과 교수라는 '아버지들'의 권위를 비판하던 학생운동 역시 명문대 남성을 중심으로 짜인 형제들의 연대이자 군사화된 위계로 이루어진 활동임을 자각했다. 당시 학생운동의 '투사'는 영화 「1987」에 나온 이한열 열사의 이미지처럼 남성화된 육체의 희생과 투쟁으로 이상화되었다. 이때 여성의 자리는 열사를 기리는 어머니로 고정되거나 보조적 위치에 머무를 수밖에 없었다.[4] 여학생-활동가들은 남성 활동가의 정서적·성적 필요를 채워주는 성역할을 요구받으면서 평등한 동지 관계로 이루어진 학생 사회라는 기대가 깨지는 체험을 하게 된다.

1990년대 대학 내외부를 가로지르던 페미니즘 지식 네트워크는 여학생들이 새로운 정체성과 조직화 전략을 모색하는 기반이 되었다. 여성학 수업이나 페미니즘 서적 세미나, 여성단체에서의 자원봉사, 사회운동 참여 등을 통해 여학생들은 페미니즘 관점에서 일상을 해석하는 틀을 익혔다. 여성 정체성은 생물학적 여성이 자연스럽게 획득하는 것이 아니라 가부장제라는 구조적 억압에 저항하는 집단 범주였고 여성 간 연대를 가능하게 하는 정치적 개념이었다.

학생운동의 한계와 페미니즘 지식을 함께 경험한 여학생들은 일상과 감수성의 변화를 주창했고, 성을 급진적 정치 이슈로 사유하는 성정치 담론을 적

---

[3] 전희경 『오빠는 필요없다』, 이매진 2008, 61면.

[4] 김재은 「민주화 운동과정에서 구성된 주체위치의 '성별화'에 관한 연구(1985~1991): 상징정치 담론 분석을 중심으로」, 서울대학교 사회학과 석사학위논문, 2003.

극 활용했다. 성정치 담론은 유의미한 사회문제로 인식되지 않고 사적 문제로 치부되거나 남성중심적으로 다뤄지던 여성의 섹슈얼리티를 공적 문제로 재구성했다. 이때 대학의 학생 사회는 성정치를 논의할 공론장이자 다양한 실천을 시도할 수 있는 실험실로 기대되었다. 그리고 성폭력은 여성의 욕망과 쾌락이 어떻게 폭력 및 위험과 경합하는지, 그 경계를 여성 스스로 탐구할 수 있는 열린 의미 구성의 장이었다.

여성 정체성을 자각하고 성정치 담론을 통해 성폭력을 공적 문제로 구성하고자 한 이들은 소속 집단을 이탈하기보다는 남아서 저항의 목소리를 내기를 선택했다. 법률보다 폭넓게 성폭력·성희롱을 규정하고 대리인이나 대책위원회를 조직하여 사건에 대한 대응을 구성원 전체의 역할로 확장하고자 했다. 또한 피해자 중심주의 원칙을 바탕으로 피해자를 문제해결의 주체로 바라보고 2차 가해 방지 논의 등을 통해 피해 이후 피해자의 조직 내 생존을 모색했다. 이러한 과정으로 대학 반성폭력 운동은 여성운동의 흐름 속에 자리잡았다.

대학 반성폭력 운동의 활동 방식, 담론, 주체를 형성한 대표적 사건으로는 1993년 서울대 신교수 사건,[5] 1996년 5월 고대생들의 이대 축제 난입 사건,[6] 1996년 8월 연세대 한총련(한국대학총학생회연합) 여학생 성추행 피해 사건[7]이 있

---

[5] 서울대 신교수 사건은 1993년 서울대 화학과 조교였던 피해자가 신교수를 '성희롱'으로 고발한 사건이다. 가해자는 실험실 기기 교육을 빙자한 신체접촉이나 사적 접근을 시도했고, 조교가 이를 거절하자 조교 재임용을 거부했다. 피해자는 공동대책위와 함께 사건을 '성희롱'으로 규정하며 국가, 대학, 교수를 상대로 손해배상 소송을 진행했다. 이 사건은 당시 사회적으로 크게 주목받으며 3심에서 교수의 배상을 이끌었고 한국사회에 '성희롱' 개념을 도입시켰다.

[6] 1996년 5월, 고려대 남학생 수십명이 이화여대 축제에 무단 난입해 여학생들을 괴롭히며 부상을 입히고 성차별적 구호를 외치는 등 물의를 일으켰다. 이후 이화여대 학생 측은 사건을 '난동'에서 '성폭력'으로 재명명했고, 현장을 캠코더로 촬영한 이화여대 총학생회 여성위원장이 방송사와 고려대 측에 증거를 전달함으로써 주동 학생들이 특정되고 이들로부터 사과를 이끌어내기에 이르렀다.

[7] 1996년 8월 한총련 주최 통일 관련 연세대 집회의 진압 과정에서 경찰이 연행된 여학생들에게 성추행 및 폭언을 자행했다. 피해 여학생 5명은 이후 국가를 상대로 손해배상 소송을 제기했지만, 검찰은 1997년 4월 무혐의 결정을 내렸다.

다. 1993년 서울대 신교수 사건에서는 각 학생대표기구의 합의체인 '비상대책위원회'가 조직되면서 학생 사회 내에서 성폭력 문제에 대응하기 위해 구성되는 모임의 원형적 형태를 보여주었다. 1996년 고대생들의 이대 축제 난입 사건은 이화여대 학생들의 적극적 항의 활동을 통해 여성공간에 대한 남성적 침탈이자 성폭력이라고 명명되었고, 이는 성폭력의 개념을 확장시킨 계기였다. 당시 여러 대학의 여성주의자들이 대책모임을 조직하면서 '영페미니스트' 집단의 형성을 가시화하기도 했다. 1996년 연세대 한총련 여학생 성추행 피해 사건은 범민족대회에 참여한 학생들을 연행하는 과정에서 전경들이 여학생에게 성추행·폭언 등의 폭력을 가했음이 밝혀지며 공론화되었다. 전경들의 가해가 '공권력에 의한 성폭력'으로 규정되면서 이 사건은 국가폭력보다는 독자적인 젠더폭력 사안으로 부각되었다. 이후 '학내 성폭력 근절과 여성권 확보를 위한 여성연대회의'가 결성되면서 여학생들의 네트워크를 기반으로 성폭력 문제가 활발히 제기·논의되었다. 페미니스트 여학생들은 다양한 소모임을 꾸리고 수평적 연대를 지향하며 저항 행동을 시도했다.

정리하자면, 1990년대 중후반 시작된 대학 반성폭력 운동은 당시 민주화운동에서 부차적으로 여겨진 여성문제와 섹슈얼리티 억압을 독자적인 의제로 내세웠다. '여'학생이라는 성별 정체성을 부각해, 남학생들이 주도하던 학생운동과는 차별화되는 조직화 방식과 활동 내용으로 성폭력 문제를 공적으로 해결하고자 했다.[8]

이러한 실천은 대학 사회의 자율적 문제해결 능력에 대한 신뢰에서 비롯한 것이었기에 성폭력 가해는 피해자에 대한 잘못일 뿐 아니라 대학의 자치 질서를 훼손하는 행위로 간주되었다. 대학이라는 공동체는 가해자에게 피해를 입은 대상인 동시에 가해자를 배양한 기반이자 자정작용을 해야 할 주체로 호명되

[8] 김보명 「1990년대 대학 반성폭력 운동의 여성주의 정치학」, 『페미니즘연구』 8권 1호, 2008.

었다. 공동체는 성폭력을 2자적 관계의 문제가 아니라 3자적 관계의 문제로 구성하는 핵심 매개였고 피해자와 가해자 양측에 개입하고 그들을 변화시킬 수 있는 중재자로 기능했다.

그래서 학생회, 동아리, 농민학생연대활동('농활') 등의 학생조직 및 행사를 규율하는 반성폭력 자치규약과 내규가 활발히 제정되었고, 학생 사회의 규범에 의한 통제를 받지 않는 교수에 의한 성폭력 사건에 대응하기 위한 반성폭력 학칙 제정도 시도되었다. 반성폭력 학칙 제정 활동가들은 교수와 대학 당국 또한 공동체의 구성원으로 호명하며 그들의 책임을 촉구했다. 1997년 서울대 약대 구교수 사건[9] 등이 논란이 되자 교수윤리 규범을 제정하는 등 교수 사회에서도 자정의 움직임이 일부 나타났다.[10] 이런 흐름 속에서 1997년 동아대를 시작으로 각 대학에서 반성폭력 관련 규정들이 제정되기 시작했다.

그리하여 당시 대학에서 성폭력 문제는 실정법의 적용이나 사법적 절차에만 국한되지 않고 윤리적 책임과 공동체적 규범의 차원에서 논의될 수 있었다. 대학 반성폭력 운동의 유산은 이후 학내 담당기구의 규정이나 절차에 일부 반영되었고, 진보 정치 진영과 사회운동의 성폭력 담론에도 영향을 미쳤다. 대학 반성폭력 운동은 여학생들이 적극적 실천을 통해 섹슈얼리티와 젠더불평등이 무엇인지 자유롭게 말하고 서로 깨우치고자 한, 저항적 페다고지가 펼쳐졌던 역사의 장면이다.

9 　서울대 약대 구교수는 지도 제자인 여성 대학원생들에게 반복적으로 그들이 원하지 않는 음담패설과 성추행을 해왔다. 대학원생 피해자 4명이 서울대 총장 앞으로 진정서를 내자, 구교수는 무고 및 명예훼손 혐의로 피해자들을 고소했다. 하지만 진정서 내용이 사실로 밝혀져 오히려 구교수가 무고 혐의로 검찰에 의해 구속되었고, 1997년 7월 교수직에서도 직위 해제되었다. 조준상·이은정·가지 않은길 엮음 『그 많던 여학생들은 어디로 갔는가』, 가지않은길 1997 참조.

10 　민경자 「성폭력 여성운동사」, 한국여성의전화연합 엮음 『한국 여성인권운동사』, 한울 1999.

3. 얽힌 담쟁이들: 대학 미투의 저항 전략과 체험

　　단단한 벽으로 이루어진 대학의 건물과 방들. 그 벽을 타고 오르는 담쟁 이넝쿨. 대학 담장을 수놓은 담쟁이ivy는 대학의 특권(아이비리그ivy league)을 상징 하기도 한다. 하지만 담쟁이넝쿨은 건물이 무너져도 살아남고, 때때로 벽을 타고 넘어가고, 건물을 휘감아 안에서부터 깨뜨리기도 한다. 넝쿨끼리의 얽힘은 끈질 긴 식물성의 힘, 작은 것들의 위대함을 보여준다.

　　대학의 담장과 벽에 붙은 포스트잇이 담쟁이 같다고 느낀 것은 그래서 였다. 학생들은 하나하나 손으로 쓴 작은 포스트잇을 붙인다. 각자의 메시지를 담은 형형색색의 포스트잇이 벽과 담장에 붙자 공간의 분위기는 일순 바뀐다. 각 지의 대학 곳곳에 붙은 포스트잇의 물결은 단단히 얽힌 담쟁이처럼, 대학의 일상 을 지배해온 권력 관계를 내파하려는 몸짓이다.

　　포스트잇 액션은 2014년 4월 16일 세월호참사 이후 노란 리본과 함께 등장했다.[11] 그리고 2016년 5월 17일 강남역 살인사건이 발생한 뒤 피해자를 추 모하는 애도의 메시지를 담은 포스트잇이 강남역 10번 출구를 뒤덮었다. 포스트 잇 액션은 2016년 5월 28일 발생한 구의역참사 이후에도 등장했다. 스크린도어 를 고치던 하청 비정규직 청년 노동자가 사망한 장소인 구의역 9-4 승강장 스크 린도어를 뒤덮은 포스트잇 역시 고인을 추모하고 서울 메트로의 외주화 정책을 비판하며 해당 장소를 일상이 잠시 정지된 낯선 장소로 재구성했다.

　　2016년 강남역 살인사건과 구의역참사를 기점으로 포스트잇 액션은 특 정 사건을 사회적 재난으로 인지하고 애도와 저항의식을 표현하는 시민들의 실

---

[11]　세월호참사로 실종된 학생의 부모가 그들이 운영하는 가게에 "내일(17일)까지 쉽니다"라는 메모지 를 붙여놓은 이후, 닫힌 문에 실종 학생의 무사귀환을 바라는 포스트잇이 연달아 붙었다. 이후 단원 고 교실과 합동분향소 등에 희생자들에 대한 미안함과 그들을 잊지 않겠다는 다짐을 담은 포스트 잇이 비망록의 형태로 부착되었다. 정원옥 「재난 시대, 청년 세대의 문화정치」, 『문화과학』 2016년 겨울호.

대학을 바꾸는 반성폭력 운동, 정체성을 하나 이상 공유하는 일

천 전략으로 자리잡았다.[12] 특히 청년 세대와 여성들의 정치적 주체성이 드러나는 표현 전략이었다. 개개인이 손글씨로 쓴 짧은 메시지들의 연속체인 포스트잇은 물리적 공간에 일시적으로 현현한 스펙터클로, 이미지, 전자 텍스트, 인쇄 텍스트로 다양하게 집적되고 전파되었다. 포스트잇 액션이 구성하는 장소 특정적인 퍼포먼스와 포토제닉한 시각성은 참여자와 목격자에게 정서적으로 강렬한 영향을 미쳤다.[13]

대학 미투 운동에서 포스트잇 액션은 2018년 3월 23일 이화여대에서 처음 나타났다. 3월 19일과 22일 조형예술대학과 음악대학 교수에 의한 성폭력 사건이 공론화되면서 시위에 나선 이대 학생들은 가해자로 지목된 교수 연구실 앞을 포스트잇으로 뒤덮었다. "총장 비리도 밝힌 이화가 성폭력 교수는 묵인할 줄 아셨나요?"라는 메시지는 대학 미투 운동이 학내 민주화운동과 반성폭력운동이 결합된 것임을 시사한다.[14] 2016년 대학본부의 일방적 미래라이프 대학 설립 시도에 맞선 여학생들의 행동력은 '고구마 줄기 캐다 무령왕릉 발견했다'는 표현처럼 박근혜 전 대통령 측근 비리를 밝혀내 역사적인 탄핵 정국을 불러왔고, 다른 한편으로는 대학 내 부조리에 대한 저항 행동을 촉발했다.

"어린 여자아이들은 영원히 어리지 않다. 강력한 여성으로 변해 당신을 박살내러 돌아온다" "우리는 꽃이 아니다. 우리는 불꽃이다" "음악을 더럽히지 마라. 음악을 내려놓아라" "성범죄자의 방, 퉤" "방 빼" "벗들, 여기야!" 등의 메시지에는 대학의 방을 지배하는 질서에 의문을 제기하는 청년 여성들의 자각과 연대#with you가 드러난다. 이들은 거리의 페미니스트들이 외친 구호를 차용하고 가해 교수들의 행동이 성범죄임을 지적하며 교수직에 부여된 지적 권위주의를

---

12   같은 글.

13   조혜영 「상호매개적 페미니즘: 메갈리아에서 강남역 10번 출구까지」, 『문학동네』 2016년 가을호.

14   이대진 「포스트잇 한장으로 상아탑을 바꿔라」, 『시사IN』 2018. 4. 13.

그림 2 이화여대 미투 운동의 포스트잇
(출처: 「남이 아닌 우리의 일 … 포스트
잇에 연대의 목소리 담다」, 『이대학보』
2018. 3. 26)

비판했다.

강남역과 구의역의 포스트잇이 피해자에 초점을 맞췄다면, 교수 연구실을 뒤덮은 대학 미투 운동의 포스트잇은 그 방의 주인인 가해자에 초점을 맞추어 애도보다는 전복의 심상을 불러일으킨다. 포스트잇 액션은 이후 교수에 의한 여러 성폭력 사건에 대응하는 학생 모임의 전략으로 사용되었다.

2010년대 한국 대학에서 전개된 반성폭력 활동에는 오래된 것과 새로운 것이 공존했다. 포스트잇 액션뿐만 아니라, 대학 내 오프라인 공간에 정치적 의견을 표현하는 전통적 매체인 대자보를 통해 성폭력 사건을 폭로하고 비판하는 움직임 또한 활발했다. 대자보는 1970~80년대부터 대학가에서 민주화운동과 학생운동이 전개되던 주요한 통로였다. 대자보를 통한 의견 표명은 캠퍼스를 비판과 토론의 '공론장'으로 작동시켜왔다. 하지만 학생운동이 쇠퇴하고 매체 환경이 변화하면서 대자보의 형식이나 의미도 변했고, 온라인 커뮤니티의 발달로 대자보를 통한 의사소통의 중요성도 약해졌다. 그럼에도 2013년 겨울, 고려대에서 시작되어 전국 대학과 사회로 확산된 '안녕들 하십니까' 대자보 운동처럼 대자보는 그 파급력이 국면에 따라 여전히 강력했고, 대학 미투 운동에서도 SNS에 웹자보의 형태로 게시되고 온라인 공론장의 논의를 촉발시키는 등의 방식으로 활용되었다.

포스트잇 액션, 대자보와 더불어 2010년대 중반 이후 활성화된 소셜 미디어인 '블라인드', 트위터(현 엑스), 페이스북 페이지 '대나무숲' 등으로 성폭력 사건을 공론화하는 움직임도 있었다. 대나무숲이나 블라인드는 사회 구성원들이 조직 내에서 겪은 다양한 고충과 애환을 익명으로 제보하는 온라인 커뮤니티로, '갑질'과 성희롱 문제에 대한 온라인상의 공론화를 촉진했다.

디지털 매체는 피해자와 조력자 간의 즉각적인 상호소통을 가능하게 하고 대학 외부의 대중에게 관심을 환기하면서 다양한 사람들이 서로 관계적·감정적 영향을 주고받는 네트워크를 형성시켰다. 가령 2018년 수도권 사립대학에서 공론화된 교수에 의한 성폭력 사건의 한 피해자는 나와의 인터뷰에서 다음과 같이 자신의 발화 계기를 설명했다.

> 10년 전에 있었던 일들이 다 생각이 나요, 하나하나. 깜짝 놀랐어요. 그런 일이 있더라고요. 깜짝 놀랐어요. 영화에서만 있는 일인 줄 알았는데. 그런 트라우마가 똑같이, 숨이 안 쉬어지고…… 뉴스에서 나오는 서지현 검사랑, 이윤택 때문에 고통받던 사람들, 또 최영미 시인이나, 나중에 인터뷰나 기사를 보는데, 볼 때마다 숨이 안 쉬어지는 거예요. 그러면서 10년 전에 겪었던 일이 하나하나 다 떠오르고, 그거를 참아낸 제가 용서가 안 되는 거예요. 이거는 다시는 덮을 수 없고, 처음은 덮었지만 지금은 또 못 덮을 것 같아. 난 누구에게 말해야 할까, 이제 와서.

학계에서 살아남기 위해 애써 잊고 살아오던 피해의 기억이 미투 운동을 통해 되살아난 그녀는 우선 학내 성평등센터에 찾아가 상담을 한다. 하지만 사건 처리 과정이 예상보다 길어질 수 있음을 듣고, 피해를 발화하지 않기로 마음먹었다. 하지만 다시 트라우마로 인한 참을 수 없는 괴로움이 휘몰아쳤고, 바로 그때 접근 가능했던 '미투 대나무숲'[15]에 "정말 임금님 귀는 당나귀 귀라는 식으로" 피해 사실을 제보했다. 온라인 커뮤니티·소셜미디어는 피해 사실의 즉각적인 고발과 공개가 가능했고, 가해자와 소속 학과 학생들의 반응을 곧바로 불러 일으켰다. 성폭력을 둘러싼 반응은 물리적 경계에 매이지 않고 대학 내외부로 급속도로 확산되었고 정서적 호소력은 빠르게 극대화되었다.

대학 미투 운동에 참여한 이들은 피해 발화의 목적뿐 아니라 그 이후 자신들의 움직임을 기록하고 알리는 목적으로도 SNS를 활용했다. 피해자와 조력자가 결합한 대응 모임은 트위터와 페이스북에 계정을 개설해 카드뉴스를 만들고 웹자보, 기사 등을 공유했다. 디지털 공간은 활동의 궤적이 순차적으로 누적되는 아카이브였기에 각 사건의 피해자와 조력자들은 그곳에서 서로의 사안을 확인할 수 있었다. 그들은 서로의 오프라인 기자회견장이나 점거 농성장에 방문하고 지지 성명을 발표함으로써 더 큰 연대 네트워크를 형성하기도 했다.[16] 온·오프라인의 연결과 상호 순환을 적극 활용하며 저항 행동을 집단화하는 방식은 2010년대 여성운동의 새로운 전략이자 동맹휴학, 단식, 점거, 서명운동, 집회, 기자회견 등 기존 사회운동과 학생운동의 저항 전략을 참고한 것이기도 했다.

예를 들어, 한 수도권 대학에서 일어난 교수에 의한 성폭력 사건은 2019년 2월 피해자가 한국어, 영어, 스페인어 3개 언어로 쓴 사건 고발 대자보를 부착하면서 공론화되었다. 피해자는 학내 인권센터에 피해 사실을 신고했지만 가해자에게 정직 3개월 수준의 징계만이 권고되었다며 징계 수위의 가벼움을 문제 삼았다. 대자보가 붙고 나서, 단과대학 학부 학생회를 중심으로 'A교수 사건 대응 특별위원회'(약칭 A특위)가 결성되면서 학생들의 집단적 저항 행동이 활발해졌다.

입학식 항의 행동에서는 각 과의 학생들이 피해자의 대자보를 자신이

---

15   미투 운동이 시작된 직후인 2018년 2월 28일, 페이스북 페이지 '미투 대나무숲'이 개설되었다. 그곳에 다양한 분야의 성폭력 피해 경험이 집적되었고, 당시 언론과 성폭력 대응체계 관계자들은 제보 글을 주시하고 체크하기도 했다.

16   김태현 「대학 내 위계형 성폭력」, 『문화과학』 2018년 가을호.

이 자보를 통해 저는 서울대학교 서어서문학과에서 일어난 정의롭지 못한 일들을 온 세상에 알리고 싶습니다. 대학원 과정 4년 동안 그곳에서 저는 성추행 및 여러 성폭력 케이스, 다양한 형태의 인권침해의 피해자가 되었습니다. 이는 모두 저의 지도 "교수"가 한 일입니다.

이곳에 제가 당한 부정의한 일 가운데 몇 가지만 남깁니다.
이 "교수"님은 저의 지도교수였지만 논문 주제를 제대로 이해하지 못했고, 그럼에도 불구하고 논문에 본인 이름을 공동저자로 넣을 것과 스페인에서 열리는 학회에 함께 갈 것을 강요했습니다. 제가 수차례 갈 생각이 없다고 했는데도 그는 막무가내였습니다. 게다가 문자, 전화, 이메일을 계속 보내 논문을 출판할 것을 종용하는데 자기 이름을 공동저자로 넣고자 했기 때문입니다. 여러 편의 자기 논문들을 편집하거나 번역료도 제대로 안 주고 스페인 또는 영어로 번역하게 만들기도 했습니다. 하지만 무엇보다도, 강요로 간 스페인 학회에서 그는 매일 밤 제가 억지로 술을 마시게 하고, 호텔의 자기 방에서 같이 라면을 먹게 했습니다. 그는 호텔 바에서 제 허벅지 안쪽에 있는 화상 흉터를 보고 싶어 했고, 제가 안 된다고 했는데도 스커트를 올리고 제 다리를 만졌습니다. 이후 저는 방으로 돌아가고 싶다고 했지만, 그는 알코올 도수가 더 센 술을 마실 것을 고집했습니다. 이것만으로는 충분하지 않았는지, 저는 아직도 그때 들은 대구 사투리의 "팔짱 끼라"는 말이 생생합니다. 끔찍한 요구라고 생각하고 거절했지만, 그는 그럼에도 팔을 잡아서 자기 팔에 둘렀습니다. 그 외에 제가 버스에서 자고 있을 때 뒷좌석에서 제 머리카락에 손가락을 넣어 만진 적도 있고, 수시로 제 어깨와 팔을 허락 없이 주무르기도 했습니다. 그는 또 제 사생활을 통제하려 해서, 남자친구를 사귀려면 사전에 허락을 받을 것을 요구했습니다. 게다가 여러 번 주말에 등산을 가자고 했고 저는 단둘이 가는 게 불편하다고 계속 이야기했습니다. 저는 언제나 예의를 지키려고 했고 그의 모든 요구들을 공손하게 거절했지만, 그가 결국에는 자신의 권력을 사용해 제가 이것들을 하도록 강요했습니다. 저는 졸업을 하지 못할까 무서웠습니다. 제가 그의 지시를 충실히 따르지 않을 때면, 그가 나중에 일자리도 못 얻게 하거나 졸업을 안 시키겠다고 저를 수차례 협박했기 때문입니다.

저는 그에 대해서 서울대학교 인권센터에 신고를 했으나, 모든 증거와 17명이 넘는 사람들이 그와 서문과에 대해 작성한 진술서에도 불구하고, 심의위원회는 겨우 3개월의 정직 권고라는 터무니없는 결정을 내렸습니다. 저는 도저히 받아들일 수 없습니다. 신고하는 것이 제게는 정말 쉽지 않았지만, 그래도 저는 인권센터가 저를 도와줄 거라는 희망을 가지고 있었습니다. 그런데 겨우 정직 3개월 권고를 내렸다는 소식을 듣고 저는 할 말을 잃었습니다. 무엇보다도 저는 우리 대학의 시스템이 너무나 깊숙이 결함이 있다는 것을 배우게 되어 매우 실망했고, 학생들의 인권이 힘 있는 교수들의 인권보다 못하다는 것을 알게 되어 슬픕니다. 시스템은 우리가 입 다물고 침묵을 지킬 것을 강요하고, 올바른 것을 위해 감히 입을 열었다가는 다른 교수님들이 우리를 비난하고 징벌합니다. 그리고 우리는 또 다시 피해자로 남게 됩니다. 제가 말씀드린 그는 징계 권고를 받았음에도 그의 범죄를 반성하기커녕, 모든 증거들에도 불구하고 거짓말을 늘어놓고 이야기를 왜곡하며, 계속해서 다른 사람들에게 비난을 덮어씌우고 있습니다. 그리고 저는 그가 어떤 식으로든 우리에게 복수할 계획까지 세우고 있다고 믿습니다. 저는 모든 일어난 일들을 알고도 정직 3개월이 충분하다고 생각하는 이성적인 사람이 있을지 궁금합니다. 그가 저지른 많은 범죄들 중 하나만으로도 파면되어야 한다고 믿기 때문입니다. 누구든 심의위원회가 쓴 40페이지짜리 결정문과, 저처럼 고통 받은 다른 학생들이 쓴 기나긴 진술서를 읽어본다면 분명 이 사람은 대학에 남아있을 자격이 없다고 생각할 것입니다. 그는 위험합니다.

이 싸움은 끝나지 않았습니다. 저는 사람들이 진실을 알고 이 사람이 얼마나 소름끼치는 사람인지 깨달았으면 합니다. 저는 어떤 결과도 두렵지 않습니다. 이미 당할 만큼 당했기 때문입니다. 저는 진심으로 서울대가 그동안 이 사람이 수년간 끼친 모든 피해를 인식하고 이 사건에 대해 실질적으로 무언가를 하기 바랍니다. 제 바람은 그가 파면되어 다른 이들을 괴롭히는 것을 막는 것입니다. 더 이상의 피해자는 안 됩니다.

2019.2.6.

그림 3 성폭력 사건을 고발하는 대자보
(사진: 필자)

공부하는 외국어로 번역한 10개 국어 연대 대자보를 붙였으며, A특위를 구심점으로 한 다양한 자치 모임과 학생회, 개별 학생들이 연대 입장문을 온·오프라인에 연속 게시했다. 또한 대학본부 앞에서 집회와 행진을 하고 가해 교수 연구실 앞에 항의 포스트잇을 부착하며 캠퍼스 곳곳에 연대 리본을 다는 등 이 사건에 항의하는 학생들의 목소리를 가시화하는 행동들이 2019년 상반기에 활발히 진행되었다.

그중 2019년 4월 2일의 공동행동(A특위 후신)은 이 글의 서두에서 언급한 "우리의 연대가 봄을 꽃피운다"라는 슬로건을 내세운 해시태그 활동과 '파면특공대' 영상 제작 등을 진행하며 이 사안에 많은 이들의 관심과 참여를 이끌어냈다. 이후 단과대학 학생회장들의 단식과 학생들의 동조 단식, 전체 학생총회 개최(5월 27일), 동맹휴업(5월 31일)이 계속되었다. 참여 학생들은 이 사건을 학생인권 보장과 권력형 성폭력·갑질 사건에 대한 올바른 해결을 추구하는 계기로 의미화했다. 이처럼 폭넓고도 창의적인 행동 전략으로 추진력을 얻은 대학 미투운동은 가해자 징계를 결정하는 학내 심의위원회와 징계위원회를 압박할 수 있었고, 일부 대학에서는 이례적이라 평가될 정도로 높은 수위의 징계 처분(가해자의 퇴학, 해임 혹은 파면)을 이끌어냈다.

4. 다양한 주체들의 연대가 남긴 것

내가 참여하고 관찰한 사건들에서 저항 행동의 참여자들은 페미니스트, 여성, 학생이라는 정체성을 하나 이상 공유하는 이들이었다. 여성 교원 중 소수자로서의 여성의 위치를 이해하거나 자신을 페미니스트라고 생각하는 이들은 교수직의 집단적 이해관계나 친소 관계에 개의치 않고 조력 행동에 나섰다. 남학생들도 학생으로서 "동질감"을 느끼며 피해 학생에게 공감했고, 소속 집단에서 페미니즘과 인권 담론을 학습한 경우 저항 행동에 적극 결합했다. 미투는 여성뿐 아니라 남성에게도 과거의 경험을 성찰하고 소수자와 연대할 계기를 폭넓게 열어주었다. 한 수도권 사립대학에서 일어난 교수에 의한 갑질·성희롱 사건에서 피해자를 조력했던 한 남학생은 과거 가해 교수에게 "등을 맞고" 피해를 신고하려던 학생을 자신이 학과장 교수의 지시를 받고 저지했던 기억을 반성했다. 그에게 조력 행동은 일종의 "속죄"였다.

대학 미투에서 발화된 사건들이나 교수에 의한 성폭력 사건의 특징 중 하나는 복수의 피해자가 여러 시기에 걸쳐 누적되어 있다는 점이다. 피해자나 조력자들은 과거에는 피해나 문제로 인지하지 못했던 행위들을 다른 피해자의 발화를 통해 비로소 피해로 바라볼 수 있었고, 동시에 가해를 용인해온 과거의 자신을 방조자라고 느끼기도 했다. 그들은 자신이 회피와 침묵, 정당화로 가해의 재생산에 기여해왔음을 자각한 이후에 더이상 피해가 되풀이되지 않도록 하겠다는 의지와 윤리적 책임감을 갖게 되면서 피해 발화와 저항에 참여하게 되었다고 말했다.

교수에 의한 성폭력 사건의 한 피해자는 자신이 10년 전 피해를 입었을 당시에는 그 사실을 말하지 못했지만 2018년에는 공개적으로 밝힐 수 있었던 이유를 길게 이야기했다. 첫째, 10년 전에는 성폭력 피해자에 대한 사회적 낙인과 책임론이 공고했다면, 미투 국면에서는 피해자를 지지하는 "혁명"적 분위기가 있었다. 둘째, 과거 "20대 중후반의 학생이 봤을 때는 너무 커 보이는" 지도교수의 존재감이 주는 공포감이 엄청나서 피해 사실을 말할 수 없었다. 지도교수는 소속 학계의 어딜 가도 "누구나 다 알고 모두가 인사하고, 모두가 와서 고개를 숙이"는 존재였다. 그런 교수에게 문제를 제기했다가 학위를 받지 못하면 앞으로 무엇을 하며 살아가야 할지, "내 진로, 내 미래"에 대한 걱정 때문에 이야기할 수 없었다.

그렇다고 박사가 된 이후인 2018년에 진로 걱정과 지도교수와의 권력 관계가 해소되었다고 볼 수는 없었다. 오히려 본격적으로 "먹고 살아야 될 문제가 생"겨서 더욱 강력하게 "옥죄는" 지점이 있었다. 하지만 그녀는 10년의 시간을 통과하며 지도교수의 권력이 "되게 약한, 모래성처럼 쌓아놓은 것일 수도 있다"는 것을 깨달았고, 미투가 터져나오는 사회적 분위기 아래에서는 가해자와의 싸움에서 이길 수도 있겠다고 생각하게 되었다. 동시에 자신의 학위나 공부의 역사가 인생의 전부가 아닐 수 있다고 느끼는데, 그때 "잃을 것도 사실 없지만 그냥 다 물거품이 돼도 상관없다"는 결단, 마음의 돌아섬[回心]이 일어난다. 기존 질서가 지배하는 시간의 흐름을 단절하고 새로운 시간을 만들어내는 미투의 혁명적 시간성은 학력 자본의 가치에 대한 집착을 놓을 수 있게 했다. 그리고 피해자를 억압해온 지도교수의 영향력에 성찰적 거리감을 확보해주었다.

조력자에게도 대학 미투 운동 참여는 강렬한 체험이었다. 특히 여성 조력자들의 경우 피해자와의 강렬한 동일시를 겪으면서 여러 감정을 느끼고 인생이 변화하기도 했다. 그들은 몸속 깊숙한 곳에서 끓어오르는 내장의visceral 반응, 몸이 떨리고 열이 뻗치고 울고 소리 지르게 되는 상태, 스스로도 통제할 수 없는 감정적 휘말림과 얽힘을 겪는다. 비수도권 국립대학에서 일어난 교수에 의한 성폭력 사건에서 한 여성 조력자는 약 3개월 동안 진행된 대응모임의 활동 초반, 설명할 수 없는 감정과 신체 상태에 휩싸였다.

> 제가 그때 처음으로 수영을 배우고 있었는데, 힘드니까 수영을 하러 가잖아요. 수영을 하는데, 수영장에서 갑자기 눈물이 나는 거예요. 수영을 하다가.(웃음) 그때, 이제 아, 교수님이 이런 마음이었겠구나, 설명할 수 없는 이 울분. 그냥 갑자기 혼자 있을 때 눈물이 나고, 그냥 너무 뜬금없이. 그때 제가 사실은, 교수님 왜 그런지 잘 몰랐는데,(웃음) 오늘 수영장에서 울었다고 하니까 교수님이 이제 내 마음 알겠지 이러는 거야.(웃음) (…) 사실 그게 너무 여러가지 감정이었고. '왜 내가 여기 휘말렸을까?'라는 생각도 사실 들었고.

피해자를 드러나지 않게 돕던 여성 교수가 피해자에게 감정적으로 이입하고 사건에 몰두하는 모습을 이해할 수 없었던 대학원생 조력자는 대응모임에 참여하며 스스로도 설명할 수 없는 울분에 휩싸였고, 그 교수의 마음을 이해할 수 있게 된다. 그녀는 학생운동 경험이 전무했고 대학원에서도 "운동하는 애들이랑 절대 안 놀아야지"라고 생각했었지만, 대응모임에서 활동하는 동안 점차 제대로 저항하고 싶다는 마음이 생겼다. 이는 가치관이 완전히 뒤바뀌는 경험이었다. 그녀는 자신과 비슷하게 학생운동을 한번도 해보지 않은 동료들이 더 의욕적으로 행동에 나섰다고 말했다. 그들은 "빨간 페인트 [대학] 본관 가서 뿌리자"고, 삭발하자고, 자퇴서를 내자고 말하며 적극적으로 작당모의를 했다.

가해자가 해임된 이후 대응모임은 대학원생들의 페미니즘 독서 모임으로 이어진다. 성폭력 사건을 해결하는 과정에서 대응모임은 피해자를 포함한 다섯명이 익명의 개인으로서 이룬 일시적 네트워크였다. 하지만 여성으로서 경험한 억압을 공유한 시간은 그들을 더욱 인간적이고 장기적인 결속으로 이끌었다. 성차별적 구조에서 비롯된 사회적 고통을 함께 나눈 이들의 만남은 우연 같은 필연이었고, 피해자와의 강렬한 연대감을 낳았다.

또다른 교수에 의한 갑질·성희롱 사건에서는 학부 4학년 전체가 대책위 활동을 했고, 그 과정에서 이전에는 없었던 학생 간의 유대가 비로소 형성되었다는 이야기를 들을 수 있었다. 피해자이자 대책위 구성원이었던 학부생은 어떤 학과보다도 "흩어지는 게 심했"고 경쟁적이었던 학생들이 대책위를 만들고 서로 힘들었던 점들을 터놓으며 단단한 우애가 생겼다고 말한다. 이 "끈끈한" 우애는 가해자와 그 주변인들의 협박과 방해에도 불구하고 학생들이 대항 행동을 계속해나가는 힘이 되었다. 대책위 구성원들은 사건이 알려진 직후 핸드폰을 끄고 조를 나눠 한곳에 모여 있는 등 서로를 지키기 위해 노력했다. 그들이 형성한 우애의 네트워크는 가해 교수의 가혹한 노동 착취와 괴롭힘을 누가 감당하느냐를 두고 학생들 간에 원망과 불신이 팽배하던 학과 분위기에 파열음을 냈다.

하지만 이러한 체험은 강렬한 만큼 관계의 복잡성과 감정적 피로도를 증폭시켰기에 오래 지속될 수는 없었다. 강한 감정적 결속은 대항 행동의 추진력이 되었지만 참여자들 내부의 차이나 불일치를 더욱 극적으로 드러냈고, 그로 인한 갈등이 깊은 상처로 남기도 했다. 대항 행동은 가해자에게 징계 처분이 내려진 이후에는 대부분 소강되었다. 그럼에도 많은 참여자들에게 대학 미투 운동에의 참여는 기존의 인간관계를 돌아보고 자율적이고 주체적인 삶을 추구하며 활력을 얻은 경험으로 남아 있었다. 한 참여자는 "한번도 노№라고 말하지 못한" 자신이 생각보다 힘 있는 존재이자 저항할 용기를 가진 능동적 인간임을 깨달았다고 말했다.

한발 더 나아가 참여자들은 개인의 역량이나 일시적 모임만으로 대학 내 문제를 해결할 수 없다는 것을 절실히 느낀다. 앞서 성폭력 피해자와의 강렬한 동일시를 겪었다고 밝힌 조력자는 미투 운동 당시 대응모임의 요구를 대학 당국에 공식적으로 전달할 대리 기구가 필요했지만 소속 대학원에 학생회나 자치회 같은 조직이 전무한 상황에 문제의식을 느꼈다고 말했다. 그래서 이후 대학원생 노동조합과 같은 전국 단위 조직과 연대하고 그 조합원으로 활동하면서 대학 내에 학생의 상황과 입장을 대변할 수 있는 공식 조직을 설립하기 위한 노력을 이어나갔다.

이처럼 대학 미투 운동 참여자들은 대학 바깥의 사회운동에 접속되기도 했다. 더불어 비공식 모임을 만들어 느슨한 연대를 이어가기도 했다. 한 사건의 조력자들이 시작한 동네 페미니스트＋학생 모임은 그들이 표현한 대로, "소소하게" 책도 읽고 맛집도 가고 어느 날에는 집회에도 갈 수 있는 "소심한" 자들의 운동으로 지속되고 있었다. 그들은 자신들의 대의가 과거의 학생운동처럼 사회 전체를 변혁하겠다는 거창한 목표에 있지 않고 "사라진 여자 선배들에 관한 이야기"를 다르게, 그리고 새롭게 써 내려가는 것, 피해자와 자신들이 여성 연구자로서의 삶을 지지받는 것에 있다고 말했다. 성폭력 사건이 해결 및 종결되었다는 것은 피해자와 조력자들이 학계의 생존자로 더 나은 미래를 꿈꿀 수 있음을 의미한다. 그들은 대학에서 사라지거나 작아지지 않고 계속 원하는 공부와 일을 하며 함께 성장해가기를 꿈꾼다. 그들이 사건을 해결하는 과정에서 겪은 변화와 이동, 연결은 2010년대 들어 약화된 대학 구성원들의 행위 역량을 재조직하고 있었다. 그들은 대학의 담장을 감싼 넝쿨이자 살아 숨쉬는 구성원으로 여전히 대학 '안'에 있다.

5. 애프터 미투, 각자의 선 자리에서

대학 반성폭력 운동은 성폭력 사건을 공동체의 윤리와 자율적 규범을 중시하는 절차 속에서 해결하려고 한 페미니즘 실천으로, 여학생 주체를 중심으로 전개되었다. 이러한 움직임의 연속선상에서 2010년대 후반의 대학 미투 운동도 청년 여성들이 주도하여 남성과 교수 중심의 대학 문화에 강력한 비판을 가했다. 그리고 기존 학생운동과 사회운동의 저항 전략을 창의적으로 빌려 오는 것을 넘어 디지털 매체를 적극 활용함으로써 대학 내외부 구성원의 공감을 폭넓게 확보하여 대중성을 획득하고 온·오프라인을 상호 순환하는 연대체를 구성했다. 이 경험은 참여자들에게 성차별적 사회구조를 비판적으로 인식하고 차별과 혐오, 폭력에 맞서는 삶에 새로이 접속하는 전환적 계기가 되었다.

하지만 대학 미투 운동의 파급력이 강력했음에도 대학 내 성폭력은 근절되지 않았다. 2020년대에도 인하대 강간치사 사건을 비롯해 단톡방 성희롱, 불법촬영 등 인권 및 성적 자기결정권에 대한 심각한 침해가 대학에서 연속적으로 발생했다. 특히 2024년 여름, 딥페이크 사건이 보도되면서 대학별로 '지인능욕방'이 다수 개설되어 있는 것이 드러나 큰 충격을 주었다.[17] 미투 운동 이후에도 학내 성폭력이 끊임없이 반복되는 현실에 많은 이들이 절망을 느끼고 있고 섣부른 희망을 말하기 어려운 시국이지만, 끈질긴 현실에 맞서는 또다른 끈질김이

---

[17]   2024년 8월, 다수 여성들의 얼굴을 성적 이미지와 합성한 딥페이크 영상물이 텔레그램 단체 대화방을 통해 대량 유포된 사안이 여러 매체를 통해 보도되어 사회적 파장을 낳았다. 이를 계기로 중·고등학생과 대학생들 사이에서 피해자로 추정되는 이들이 소속된 학교들을 지도에서 찾아볼 수 있도록 만들어진 '딥페이크 피해 학교지도'도 생겼다. AI를 활용한 디지털 성폭력에 대한 관심과 대책이 급증한 계기다.

있었고, 지금도 있고, 앞으로도 있을 것이라고 말하고 싶다.

2010년대 후반 내가 만난 대학 미투 운동 참여자들은 "시스템을 내파하고픈 욕구"를 이야기했다. 피해자나 조력자들은 사건을 알리고 해결하는 과정에서 믿었던 사람들과 갈등을 겪고 제도적인 한계에 부딪히며 큰 환멸과 실망을 경험한다. 그래서 대학 시스템이 망해버리거나 뒤엎어지기를 바라기도 하지만 다른 한편으로 그들에게는 여러 활동으로 대학을 새롭게 재구성하고자 하는 욕구 또한 있다. 그들은 대학의 존재를 부정하거나 대학에서 완전히 이탈하기보다는 변혁적 내부자가 되기를 원한다. 시스템과 권력관계를 전면적으로 거부하기보다는 어떻게 그것을 스스로와 다른 이들에게 해방적이며 공적으로 사용할 수 있을지를 고민한다.

그리하여 그들은 미투 이후 7년 가까이 흐른 지금도 각자가 선 자리에서 현재를 충실하게 살아나가며 일상의 페미니즘을 실천하고 있다. B시 P대학에서 미투 운동에 참여했던 이들의 '이후'를 추적한 연구는 그들이 대학 안팎에서 여러 소모임과 네트워크를 이어나가며 "헤쳐 모이고" 있음을 보여준다. 여자 후배들의 진로를 상담해주거나 학습·취업 정보를 공유하는 모임을 만들기도 하고 취업 이후에는 사회인의 희로애락을 나누며 "친밀함의 공동체" "페미니스트 그물망"을 지속한다. 그중 누군가는 지역의 페미니스트 활동가와 노동조합 결성을 추진하고 있다. 그들은 과거 미투 운동 당시 겪었던 소진을 반복하지 않고 좀 더 오래, 그리고 건강하게 운동을 이어갈 방법을 모색한다. 또다른 누군가는 경찰이 되어 경찰 조직의 '남초' 분위기를 바꾸는 "미꾸라지"가 되려고 한다. 그는 2017년 경찰 조직 내 여경 대상 성희롱 문제가 제기된 이후 만들어진 경찰젠더연구회에 들어가 다양한 위치의 선배들을 만나며 여성 경찰로 성장해나가는 미래를 그린다. 누군가는 교사가 되어 학생들에게 민낯에 짧은 머리를 하고 바지 정장을 입은 교사의 모습을 보여주며 여성에게 강요되는 외모 규범에 대해 성찰할 기회를 주고 싶어한다. 그는 미투 이후 불어닥친 성평등 교육과 페미니스트 교사에 대한 백래시에 균열을 내려고 노력하고 있었다.[18]

그리고 2024년 12월부터 2025년 4월까지, 나는 미투에 참여했던 이들이 각자의 거주지, 커뮤니티, 광장에서 다시금 분연히 떨쳐 일어나 누구보다 적극적으로 12·3계엄과 탄핵 정국이 열어젖힌 빛의 광장에 참여하고 그 시간을 기록하고 있음을 목격했다. 지역과 대학의 보수적이고 폐쇄적인 분위기에도 불구하고 미투에 참여하고 이후의 백래시를 통과한 이들이 2030 여성들에게 당신은 왜 광장으로 갔으며 광장에서 무엇을 하고 있는지 질문하고 그 답을 기록했다. 이 인터뷰·아카이빙 프로젝트의 이름은 '백날 지워봐라, 우리가 사라지나'[19]이다.

운동의 강렬함이 늘 한결같을 수는 없겠지만, "각자의 자리에 남은 불씨는 필요한 때에 다시 불붙"[20]어나가고 있음을 본다. 색색의 포스트잇이 이어져 색색의 응원봉 불빛으로 얽혀간다. 이 다채로운 연대의 물결이 캠퍼스의 봄을 다시금 꽃피울 시간이다.

18   최나현·김영 「대학 미투운동의 응결점들: B시 P대학의 경험을 중심으로」, 『여성학연구』 34권 1호, 2024.

19   최나현·양소영·김세희 『백날 지워봐라, 우리가 사라지나: 광장에 선 '딸'들의 이야기』, 오월의봄 2025.

20   최나현·김영, 앞의 글 175면.

참고문헌

김보명, 2008, 「1990년대 대학 반성폭력 운동의 여성주의 정치학」, 『페미니즘연구』 8권 1호.

김보영·김보화, 2019, 『스스로 해일이 된 여자들: 페미몬스터즈에서 믿는페미까지─우리는 어떻게 만나고 싸우고 살아남았는가』, 서해문집.

김은희 외, 2020, 『대학 인권센터 운영 실태 및 개선방안 연구』, 국가인권위원회.

김재은, 2003, 「민주화 운동과정에서 구성된 주체위치의 '성별화'에 관한 연구(1985~1991): 상징정치 담론분석을 중심으로」, 서울대학교 사회학과 석사학위논문.

김태현, 2018, 「대학 내 위계형 성폭력」, 『문화과학』 2018년 가을호.

민경자, 1999, 「성폭력 여성운동사」, 한국여성의전화연합 엮음 『한국 여성인권운동사』, 한울.

신상숙 외, 2019, 『대학 성희롱·성폭력 실태조사: 피해자의 일상회복을 위한 구제조치를 중심으로』, 국가인권위원회.

이대진, 2018, 「포스트잇 한장으로 상아탑을 바꿔라」, 『시사IN』 2018. 4. 13.

전희경, 2008, 『오빠는 필요없다: 진보의 가부장제에 도전한 여자들 이야기』, 이매진.

정원옥, 2016, 「재난 시대, 청년 세대의 문화정치」, 『문화과학』 2016년 겨울호.

조준상·이은정·가지않은길 엮음, 1997, 『그 많던 여학생들은 어디로 갔는가』, 가지않은길.

조혜영, 2016, 「상호매개적 페미니즘: 메갈리아에서 강남역 10번 출구까지」, 『문학동네』 2016년 가을호.

최나현·김영, 2024, 「대학 미투운동의 응결점들: B시 P대학의 경험을 중심으로」, 『여성학연구』 34권 1호.

최나현·양소영·김세희, 2025, 『백날 지워봐라, 우리가 사라지나: 광장에 선 '딸'들의 이야기』, 오월의봄.